LE REVEIL SPIRITUEL

PAR L'APOTRE Dr. RAHA MUGISHO

« J'AI TOUJOURS SOIF DU REVEIL SPIRITUEL »

IL NE FAUT PAS SEULEMENT PRIER POUR LE REVEIL MAIS ETRE REVEILLE PERSONNELLEMENT. LE FEU DE DIEU EXISTE.

UNE CHOSE PEUT ETRE DIFFICILE MAIS PAS IMPOSSIBLE

Commander ce livre en ligne à www.trafford.com
Ou par courriel à orders@trafford.com

La plupart de nos titres sont aussi disponibles dans les librairies en ligne majeures.

Imprimé à États-Unis d'Amérique.

ISBN: 978-1-4269-9224-7 (sc)
ISBN: 978-1-4269-9225-4 (e)

Trafford rev. 08/12/2011

www.trafford.com

Amérique du Nord & international
sans frais: 1 888 232 4444 (États-Unis et Canada)
téléphone: 250 383 6864 ♦ télécopieur: 812 355 4082

INTRODUCTION

Nous sommes tous appelés à sonder nos cœurs avant de nous lancer à n'importe quelles activités divines. Dieu veut se servir de tous les serviteurs et servantes qui sont prêts à marcher avec lui comme IL veut et non pas comme les émotions ou les traditions veulent. Si les dispensateurs de la parole de Dieu s'en passent du réveil spirituel, la conclusion serait absurde. La réponse à toutes ses déviations diverses se trouve uniquement dans le réveil. Ceci est le produit de Dieu lui-même si nous le cherchons de tout cœur et si nous acceptons de vomir vomir le monde et ses convoitises. L'Esprit de Dieu est prêt de passer à l'acte lorsque nous croyons fermement à ce vent que Dieu est entrain de souffler de partout. La repentance personnelle est très importante et chercher la face de Dieu ; les profondeurs du malin ont détourné la plupart des ministres et nous avons beaucoup besoin de Dieu pour discerner dans quel aspect nous avons dévié .Notre objectif doit être le royaume du ciel et sa justice.

DEDICACE

Ce livre est dédie à tout le corps de Christ. Ma préoccupation est que tout qui confesse le nom de Jésus-Christ comme sauveur se fasse violence pour terminer ce manuel afin qu'il puisse se dégager de tout qui n'est pas de Dieu et entrer dans le Feu Spirituel de Dieu. JOEL.2 :13-32

TABLE DE MATIERES

I LA VISION DE L'HEURE

Nous sommes arrivés dans une saison où nous devons nous aligner pour laisser le feu de Dieu consumer tout ce que ne vient pas de Lui. Nous devons diminuer et laisser Christ croître en nous. Tout ce que nous pouvons prétendre être des garanties pour nous en dehors de la parole n'est qu'une illusion. Nos possessions matérielles ou financières ne les sont pas non plus. Tout ce qui se passe aujourd'hui n'est pas un fait de hasard(les crises, les tremblements de terre, les guerres et les atrocités ainsi que les infamies), tout fut annoncé par Dieu, ceux qui sont sages doivent renoncer au genre de vie animale et considérer l'apport de l'évangile de feu prédit par les prophètes de Dieu.

2 Cor, 3.6

[6]Il nous a aussi rendus capables d'être ministres d'une nouvelle alliance, non de la lettre, mais de l'esprit; car la lettre tue, mais l'esprit vivifie.

L'église de Christ n'est pas fondée sur la lettre mais sur la révélation de L'Esprit ; depuis la création jusqu'à l'avènement des apôtres, L'Esprit jouait le premier rôle.

A la création, la parole de Dieu déclare que L'Esprit de Dieu mouvait sur les eaux et alors Dieu dit : « Que la lumière soit et la lumière fut ».

Au commencement, Dieu créa les cieux et la terre.

²La terre était informe et vide: il y avait des ténèbres à la surface de l'abîme, et l'esprit de Dieu se mouvait au-dessus des eaux.

³Dieu dit: Que la lumière soit! Et la lumière fut.

⁴Dieu vit que la lumière était bonne; et Dieu sépara la lumière d'avec les ténèbres

Il est vrai que tous les enfants de Dieu qui s'abstiennent à la repentance et qui n'embrassent pas les éléments du réveil ne seront jamais dans cette dernière gloire. Ce feu qui vient n'est ni complaisant ni émotionnel comme ceci est devenu une routine et tradition dans le mouvement charismatique. C'est un feu capable d'arracher, d'abattre, de ruiner et de détruire les forteresses de diable et planter et bâtir les desseins de Dieu pour produire partout le réveil.

Au jour des pentecôtes tous furent baptisés de L'Esprit et ce fut le premier message de feu que L'apôtre Pierre délivra qui amena de milliers d'âmes à Christ. Le réveil d'Asuza commença aussi par le baptême du St Esprit. En négligeant le rôle du St Esprit on arrivera jamais au vrai réveil. Les arrangements de la lettre tuent, et les disciples dans ce deuxième cas seront dirigés par l'intellect et refuseront tout ce qu'ils ne comprennent pas. 1 Cor 2.10-15

¹⁰Dieu nous les a révélées par l'Esprit. Car l'Esprit sonde tout, même les profondeurs de Dieu.

¹¹Lequel des hommes, en effet, connaît les choses de l'homme, si ce n'est l'esprit de l'homme qui est en lui? De même, personne ne connaît les choses de Dieu, si ce n'est l'Esprit de Dieu.

¹²Or nous, nous n'avons pas reçu l'esprit du monde, mais l'Esprit qui vient de Dieu, afin que nous connaissions les choses que Dieu nous a données par sa grâce.

[13]Et nous en parlons, non avec des discours qu'enseigne la sagesse humaine, mais avec ceux qu'enseigne l'Esprit, employant un langage spirituel pour les choses spirituelles.

[14]Mais l'homme animal ne reçoit pas les choses de l'Esprit de Dieu, car elles sont une folie pour lui, et il ne peut les connaître, parce que c'est spirituellement qu'on en juge.

[15]L'homme spirituel, au contraire, juge de tout, et il n'est lui-même jugé par personne.

MINISTRE DE LA NOUVELLE ALLIANCE (VOIR LE LIVRE LA VERITE TRIOMPHERA DU Dr. RAHA PAGE 31-40)

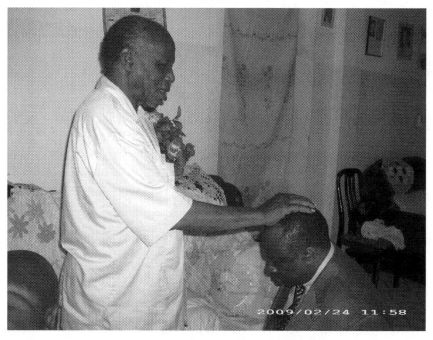

L'ORIGINE ET L'IMPACTE DU SANG

Le sang est une matière qui a une origine spéciale, et fut à travers l'histoire de la création très symbolique et un moyen d'alliance entre diverses connotations. Jadis, il n'était pas permis à l'homme de manger les aliments ayant le sang. L'homme devait manger les herbes portant de la semence et qui est à la surface de toute la terre, et de tout arbre ayant en lui du fruit d'arbre et portant de la semence. Genèse 1 :29 C'est après la chute de l'homme que ceci changea : « *Tout ce qui se meut et qui a vie vous servira de nourriture : je vous donne tout cela comme l'herbe verte. Seulement, vous ne mangerez point de chair avec son âme, avec son sang. Sachez-le aussi, je redemanderais le sang de vos âmes, je le demanderais à tout animal ; et je redemanderais l'âme de l'homme à l'homme, Si quelqu'un verse le sang de l'homme son sang sera versé ; car Dieu a fait l'homme à son image* » Genèse 9 :3-6

Quelle est l'origine du sang de l'homme ? Au fait, pendant la création d'Adam, il ne pouvait pas bouger après l'acquisition d'une forme humaine. C'était comme une statue qui ne signifiait rien. Il a fallu cette matière pour qu'Adam soit vivant. C'est ainsi que Dieu a soufflé dans ses narines pour que deux éléments composant la vie entrent en lui. En souffla dans ses narines entrèrent l'esprit et le sang. C'est ainsi que l'homme fut créé à l'image de Dieu. Genèse 2 :7

Ce sang fut souillé quand Adam et Eve ont péché contre Dieu et la bible nous montre comment ils reçurent une malédiction : Il dit à l'homme : puisque tu as écouté la voix de ta femme, le sol sera maudit à cause de toi. C'est à force de peine que tu en tireras ta nourriture tous les jours de ta vie, il te produira des épines et des ronces C'est à la sueur de ton visage que tu mangeras ton pain, jusqu'à ce que tu retournes dans la terre Genèse 3 :17-19

Toute garantie sécuritaire fut effacée pour l'homme, mais Dieu dans sa bonté divine, prépara un plan du salut pour le racheter. L'histoire des alliances continua et nous lisons comment Dieu fut diverses alliances du sang avec ses élus. Abraham fut circoncis avec tout mâle qui vivait avec lui. Isaac devait être sacrifié mais un agneau fut donné à Abraham en guise de sacrifice ; ceci nous donne l'image de l'agneau immolé de Dieu. La différence des sacrifices de Caïn et Abel était que Dieu agréait celui d'Abel parce que c'était des animaux qui au fait avaient du sang tandis que Caïn apportait le produit de la terre qui était maudit. Bien de gens enseignent que Caïn apportaient des produits de la terre qui furent pourris, chose qui n'est pas vraie. La délivrance des enfants d'Israël de l'Egypte fut par le sacrifice du sang. *« Ce sera un agneau sans défaut, mâle, âgé d'un an ; vous pouvez prendre un agneau ou un chevreau On prendra du sang, et on en mettra sur les deux poteaux et sur le linteau de la porte des maisons ou on le mangera . C'est la Pâque de L'Eternel. »* Exode 12 :5-12   Dans la nouvelle alliance notre Pâque est manifestée par la mort et la résurrection de Jésus.

Les sacrificateurs continuèrent par le sacrifice du sang pour la rémission des péchés dans la tente d'assignation. « Moïse prit la moitié du sang qu'il mit dans des bassins, et il répandit l'autre moitié sur l'autel. Il prit le livre de l'alliance, et le lut en présence du peuple ; ils dirent : nous ferons tout ce que L'Eternel a dit, et nous obéirons. Moïse prit le sang, et il le répandit sur le peuple, en disant : Voici le sang de l'alliance que Dieu a faite avec vous selon toutes ces paroles. Exode 23 :6-8. Tout ceci fut l'ombre de ce que le plan de Dieu de rédemption constituait. Hébreux 10 :1

Les sacrifices des péchés devaient se faire chaque année. Mais par le sang de l'agneau de Dieu immolé, un sacrifice suffit pour tous les enfants de Dieu. Alléluia ! *« Mais Christ est venu comme souverain sacrificateur des biens à venir, il a traversé le tabernacle le plus grand et plus parfait, qui n'est pas construit de main d'homme, c'est-à-dire, qui n'est pas de cette création ; il est entré une fois pour toutes dans les lieux très saints, non avec le sang de boucs et des veaux, mais avec son propre sang .* » Hébreux 9 :11-17

Le sang faisait aussi des alliances entre les personnes dans leur amitié ainsi que dans le mariage ; Le sang produit par la virginité parle beaucoup plus que la bague qui ne signifie rien par rapport à l'union sacrée du mariage. Si le peuple de Dieu pouvait garder cette pureté dans le mariage, ce serait agréable à Dieu et serait la base de la rupture d'avec la prostitution des adolescents. C'est la volonté de Dieu qu'une femme soit mariée étant vierge. Le sang versé est une alliance qui appelle Dieu d'être témoin de cette union ; « *Parce que L'Eternel a été témoin entre toi et la femme de ta jeunesse, à laquelle tu es infidèle, bien qu'elle soit ta compagne et la femme de ton alliance* » Malachie 2 :14 Levi 21 :7,13-15 Eze 44 :22-24 L'épouse de Christ doit être pure sans tâche, purifiée par le sang de l'agneau. Le sang de notre alliance est fait par celui de l'agneau de Dieu immolé.

Les hommes prirent les épines et les ronces et les mirent sur le fils de Dieu pendant sa crucifixion comme couronne. Pendant cette opération tout goûte du sang tombé, sanctifiait la terre des ronces et des épines qui devaient arriver à l'homme. Le fils de Dieu prit cette malédiction étant lui-même sur la croix en se substituant à nous. Romains 3 :23-24

La terre reçut le sang pur qui la purifia et aujourd'hui nous pouvons offrir les produits de la terre à Dieu ; rappelons-nous que Marie de Magdala voulait toucher sur Jésus lors de sa résurrection mais il lui dit : « *Ne me touche pas ; car je ne suis pas encore monté vers le Père. Mais va trouver mes frères, et dis leur que je monte vers mon Père et votre Père, vers mon Dieu et votre Dieu.* » Jean 20 :17 Jésus devait offrir ce sang dans le ciel ; la terre et le ciel avaient besoin de ce sang. Hébreux

9 :23-26 Donc, le ciel, la terre et nous, nous fûmes purifiés par le sang de Jésus c'est-à-dire, quiconque reçoit le fils de Dieu est sauvé par le sacrifice du sang offert par l'agneau de Dieu. Jean 3 :16-19

Le Seigneur disait à ses disciples sur la puissance de son sang mais nombreux ne comprirent rien. Ils étaient au nombre de soixante dix, il lui resta douze. Il leur dit encore, vous aussi vous voulez partir, la réponse fut que c'est toi qui a la vie. *« Je suis le pain de vie Si quelqu'un mange de ce pain, il vivra éternellement Jésus leur dit, si vous ne mangez pas la chair du fils de l'homme, et si vous ne buvez son sang, vous n'avez point la vie en vous-mêmes. Celui qui mange ma chair et qui boit mon sang a la vie éternelle ; et je le ressusciterai au dernier jour. Car ma chair est vraiment une nourriture et mon sang un breuvage... Plusieurs de ses disciples après l'avoir entendu, dirent : cette parole est dure ; qui peut l'écouter ?...De ce moment plusieurs de ses disciples se retirèrent, et ils n'allaient plus avec lui. Jésus dit donc aux douze : Et vous, ne voulez-vous pas aussi vous en aller ? Simon Pierre lui répondit : Seigneur, à qui irions-nous ? Tu as la parole de la vie éternelle. Et nous avons cru et nous avons connu que tu es le Christ, le Saint de Dieu »* Jean 6 : 48-69

Dans ce cas il est de notre avantage de manger chaque jour la chair de Christ et boire quotidiennement par la foi le sang de Jésus-Christ. Sans peur je déclare que je bois le sang de Jésus et je mange sa chair pour une totale protection et sanctification. « Souvenez-vous que vous étiez en ce temps-là sans Christ, privés du droit de cité en Israël, étrangers aux alliances de la promesse, sans espérance et sans Dieu dans le monde. Mais maintenant, en Jésus-Christ, vous qui étiez jadis éloignés, vous avez été rapprochés par le sang de Christ. Car Il est notre paix, Lui qui de deux n'en a fait qu'un, et qui a renversé le mur de séparation, l'inimitié, ayant anéanti par sa chair la loi des ordonnances dans ses prescriptions, afin de créer en lui-même avec les deux un seul homme nouveau, en établissant la paix, et de réconcilier, l'un et l'autre en un seul corps, avec Dieu par la croix, en détruisant par elle l'inimitié. » Ephésiens 2 :12-22

Les sorciers mangent la chair des gens et boivent leur sang pour avoir la puissance diabolique tandis que les rachetés sont très puissants et invulnérables dans la chair et le sang du Fils de Dieu. 1Cor 11 :23-31

Se souiller de toute façon c'est violer l'alliance faite dans le sang de Jésus-Christ : ce sang doit être notre chaine d'amour avec notre Père, il nous protège et nous purifie. Partout et dans toutes les circonstances nous devons considérer soigneusement l'impact du sang de la nouvelle alliance.

Il est vrai que le monde a un grand impact sur les humains et si la décision de refuser les œuvres de la chair n'est pas prise, le péché deviendra un mode de vie d'une façon ou d'une autre. Ceci se manifeste souvent étant devant un intérêt charnel, le mensonge, les accusations fausses, la fraude, les tricheries et le vol sont constatés même pour celui qui est censé ne pas le faire. La vérité est rejetée et tout se justifie en torpillant la parole de Dieu, et à donner les versets qui ne se trouvent pas dans la bible comme « aide toi et le ciel t'aidera ». Frères et sours, sachez qu'on ne se moque pas de Dieu, avec des tels comportements on entrera jamais au ciel.

Nous devons connaitre complètement cette alliance et résister tout ce qui ne cadre pas avec elle ; Il est très indispensable de connaitre et comprendre l'origine et l'impact de cette alliance, sinon nous marcherons dans l'ombre pendant que tout est déjà révélé. La parole de Dieu nous enseigne de ne pas aimer le monde mais les prophètes modernes nous forcent à l'aimer et c'est un sujet de la majorité. Ce que nous devons savoir est qu'en ayant Christ nous avons la majorité. Le malin sait qu'en adoptant cet esprit du matérialisme l'église sera dans une grande distraction et n'entrera jamais dans l'esprit de cette alliance. Nous devons discerner la saison et marcher dans la vision divine alors tout ce qui est notre besoin spirituel matériel et physique sera rencontré sans forcer. Dieu sait que nous en avons besoin. Se faire des soucis n'est pas une réponse.

Si nous ne vomissons pas ce monde et sa convoitise nous ne serons pas en mesure de rester avec la victoire malgré nos efforts, et sans le vomir il nous avalera. La parole de Dieu demeure le seul guide. I JEAN 2

15N'aimez point le monde, ni les choses qui sont dans le monde. Si quelqu'un aime le monde, l'amour du Père n'est point en lui;

16car tout ce qui est dans le monde, la convoitise de la chair, la convoitise des yeux, et l'orgueil de la vie, ne vient point du Père, mais vient du monde.

17Et le monde passe, et sa convoitise aussi; mais celui qui fait la volonté de Dieu demeure éternellement.

18Petits enfants, c'est la dernière heure, et comme vous avez appris qu'un antéchrist vient, il y a maintenant plusieurs antéchrists: par là nous connaissons que c'est la dernière heure.

19Ils sont sortis du milieu de nous, mais ils n'étaient pas des nôtres; car s'ils eussent été des nôtres, ils seraient demeurés avec nous, mais cela est arrivé afin qu'il fût manifeste que tous ne sont pas des nôtres.

II LES ELEMENTS DE BASE DU REVEIL

1- DIEU NOTRE PRIORITE (AMOUR TRES PROFOND A DIEU)

2- ETRE BAPTISE DU ST ESPRIT ET ETRE REMPLI CHAQUE JOUR

3- LE ZELE DE PRIER ET D'EVANGELISER

4- CONNAITRE LA PAROLE DE DIEU ET DEMEURER DANS LA VERITE

5- L'UNION DE CHARITE DES CROYANTS

6- LA MANIFESTATION DE LA SAINTETE ET DE LA COMPASSION DES AMES

7- ACTES DE FOI QUI PRODUISENT DES MIRACLES

C'est ainsi que la parole de Dieu nous dit dans Ephésien 5, 14-18

[14]C'est pour cela qu'il est dit: Réveille-toi, toi qui dors, Relève-toi d'entre les morts, Et Christ t'éclairera.

[15]Prenez donc garde de vous conduire avec circonspection, non comme des insensés, mais comme des sages;

[16]rachetez le temps, car les jours sont mauvais.

[17]C'est pourquoi ne soyez pas inconsidérés, mais comprenez quelle est la volonté du Seigneur.

18Ne vous n'enivrez pas de vin: c'est de la débauche. Soyez, au contraire, remplis de l'Esprit;

Rachetons le temps signifie que nous devons nous organiser pour abandonner les mauvaises activités et tendances, ainsi que les milieux qui nous corrompent. Personne ne connait le temps de son départ, travaillons comme si demain nous ne serons plus sur cette terre. Pourquoi s'enivrer ? C'est de la débauche ? Je ne regrette pas de dire à tous les serviteurs de Dieu qui s'enivrent qu'ils sont dans l'erreur et entretiennent les distractions qui les apportent au suicide spirituel. L'ivrognerie n'amènera jamais le réveil.

Aujourd'hui nous connaissons comment ce fléau est arrivé aux croyants et beaucoup sont perdus il reste seulement les cris de toutes sortes.

Ceci nous amène au mot d'ordre donné par le prophète Joël, 3.9-10

[9]Publiez ces choses parmi les nations! Préparez la guerre! Réveillez les héros! Qu'ils s'approchent, qu'ils montent, Tous les hommes de guerre!

[10]De vos hoyaux forgez des épées, Et de vos serpes des lances! Que le faible dise: Je suis fort!

LA GUERRE EST DEVANT NOUS ET NOUS SOMMES APPELES A NOUS PREPARER.

Si nous n'entrons pas dans la vision de Dieu l'église restera dans la distraction et beaucoup de croyants seront anéantis. Préparons la guerre entrant dans le réveil. AMOS 3.3-8

[3]Deux hommes marchent-ils ensemble, Sans en être convenus?

[4]Le lion rugit-il dans la forêt, Sans avoir une proie? Le lionceau pousse-t-il des cris du fond de sa tanière, Sans avoir fait une capture?

[5]L'oiseau tombe-t-il dans le filet qui est à terre, Sans qu'il y ait un piège? Le filet s'élève-t-il de terre, Sans qu'il y ait rien de pris?

⁶Sonne-t-on de la trompette dans une ville, Sans que le peuple soit dans l'épouvante? Arrive-t-il un malheur dans une ville, Sans que l'Éternel en soit l'auteur?

⁷Car le Seigneur, l'Éternel, ne fait rien Sans avoir révélé son secret à ses serviteurs les prophètes.

⁸Le lion rugit: qui ne serait effrayé? Le Seigneur, l'Éternel, parle: qui ne prophétiserait?

Nous devons être différents et marcher non suivant les traditions et le monde mais par la volonté de Dieu en déclarant partout ce que Dieu veut non ce que la chair nous commande. Ainsi Dieu versera son Esprit à l'église et le feu de Dieu consumera tout dans son parcours, et le résultat serait la repentance des religieux, tous les dépravateurs, des sorciers, des magiciens, et les hommes et femmes de sociétés sécrètes.

Les choses désirables viendront par la puissance de Dieu comme le vent a emmené des cailles aux enfants d'Israël dans le désert car Dieu a déclaré dans AGEE 2, 6-9.

⁶Car ainsi parle l'Éternel des armées: Encore un peu de temps, Et j'ébranlerai les cieux et la terre, La mer et le sec;

⁷J'ébranlerai toutes les nations; Les trésors de toutes les nations viendront, Et je remplirai de gloire cette maison, Dit l'Éternel des armées.

[8]L'argent est à moi, et l'or est à moi, Dit l'Éternel des armées.

[9]La gloire de cette dernière maison sera plus grande Que celle de la première, Dit l'Éternel des armées; Et c'est dans ce lieu que je donnerai la paix, Dit l'Éternel des armées.

C'est en marchant dans cette vision de réveil que L'Eternel fera des signes et des prodiges ; ne soyez pas satisfait des miettes alors que Dieu nous a préparés des inimaginables produits. Nous devons accepter de souffrir pour un petit moment pour hériter des biens éternels.

Proverbes 8.10-11,17-19

[10]Préférez mes instructions à l'argent, Et la science à l'or le plus précieux;

[11]Car la sagesse vaut mieux que les perles, Elle a plus de valeur que tous les objets de prix.

[17]J'aime ceux qui m'aiment, Et ceux qui me cherchent me trouvent.

[18]Avec moi sont la richesse et la gloire, Les biens durables et la justice.

[19]Mon fruit est meilleur que l'or, que l'or pur, Et mon produit est préférable à l'argent.

2010/08/03 08:11

III LES DIFFERENTES SORTES DE REVEIL

Voyons les 3 réveils dans la bible et du SEI

Celui de Jean-Baptiste

Celui de Jésus – Christ

Celui des Apôtres

Celui de région de grands lacs de L'Afrique

Actes 2

Louis Segond (LSG)

Actes 2

[1]Le jour de la Pentecôte, ils étaient tous ensemble dans le même lieu.

[2]Tout à coup il vint du ciel un bruit comme celui d'un vent impétueux, et il remplit toute la maison où ils étaient assis.

[3]Des langues, semblables à des langues de feu, leur apparurent, séparées les unes des autres, et se posèrent sur chacun d'eux.

⁴Et ils furent tous remplis du Saint Esprit, et se mirent à parler en d'autres langues, selon que l'Esprit leur donnait de s'exprimer.

Tous se distinguent dans la prière et de L'évangélisation et la dédications à Dieu. Le monde et ses convoitises ne leur disaient rien, ils avançaient avec foi et grande onction s'appuyant seulement à la parole faisant la volonté de Dieu.

Les autres voulaient qu'ils soient comme eux mais comme les visions étaient différentes ceci ne pouvait pas avoir lieu.

Les miracles coulaient et Dieu augmentait les âmes chaque jour.

LE REVEIL DANS LES REGIONS DES PAYS DE GRANDS LACS

Ce fut en 1977 un jeun homme de foi catholique arriva en Tanzanie. Il avait une grande soif de connaitre les voies du Seigneur. Dieu par sa grâce le sauva dans une petite campagne d'évangélisation dans le marché de Kariako, Dare-salaam. Jours et nuits il se donnait aux jeûnes et prières et à la lecture de la bible. Il ne se permettait pas de rater tout séminaire que faisaient les serviteurs de Dieu partout en Tanzanie. Il dormait souvent dans l'église et de fois dans des brousses pour chercher la face de Dieu. Ses prières et zèles de chercher la face de Dieu créa en lui une grande soif d'amener les âmes à Christ par le témoignage partout où il se trouvait. Beaucoup de noms connus comme Gamaliel, Kitumaini, Obel, Toa Ishara et bien d'autres, vinrent à Jésus.

Pendant les campagnes d'évangélisation de l'Evangéliste National MOSES KULOLA, il était parmi les chargés de délivrances, chose qu'il faisait à cœur.

Finalement, il rentra dans son pays le Congo où il fut reçu par Le Rev Muhasanya des assemblées de Dieu et il commença la première réunion de réveil à MULEGEZA, Chai, où Dieu a opéré beaucoup de miracles et toute la ville connut qu'il y eu quelque chose de différent par un enfant de la ville. L'accent fut mis au baptême du St Esprit à la sainteté et à la vie de prière et de la foi. Tous les disciples de L'Apôtre RAHA furent baptisés par L'Esprit et assidus aux prières et louanges et adoration. Au fait dans ce réveil, Dieu mit une grande importance à lancer des serviteurs de Dieu puissants tels que KITUMAINI MUGISHO, MULIMBWA OBELI, BYAMUNGU MAGALA, UWEZO AMISI et la liste continue.

Ce jeun homme de 28 ans forma un groupe de jeunes assoiffés de la présence de Dieu. Ils persévéraient dans l'enseignement de l'apôtre RAHA MUGISHO, dans la communion fraternelle, dans la prière et l'évangélisation. Il faut savoir que ce groupe n'avait pas une autre ambition que de voir la gloire de Dieu. Le nombre augmentait de jour au jour jusqu'à faire la gloire de Dieu dans la province. Les réunions en plein airs se tenaient aux marchés publics, dans les bus, maisons à maisons, dans les auditoires de la ville, et très tôt le matin à 4 heures. Une révolution naquit dans la région et beaucoup de jeunes devinrent pour la première fois Pasteur, Evangéliste et Docteurs. Les autres serviteurs de Dieu d'autres pays et Provinces vinrent se joindre à ce réveil tel que Wangari et Asafi Dara du Kenya, nos frères américains, Canadiens, Tanzaniens et d'autres. Dans la ville, un groupe qui faisait la panique à Bukavu, la majorité reçut le Seigneur et le calme y régna ; ce groupe avait le nom de Shabiste et leur grand pugiliste était Rwankuba surnommé MONTANA. Ces gens annoncèrent aussi l'évangile partout où ils passaient. Nous avons vu comment Dieu ressuscitait les morts, les sidatiques et les paralytiques recevaient leurs miracles, la main de Dieu touchait les personnes qui avaient de maladies diverses et problèmes. Le miracle d'argent et de provision divine était une pluie qui nous arrivait. Dieu reste Dieu et que son nom soit glorifié. Lui seul a tout pouvoir et Il sera glorifié à jamais. Nombreux abandonnèrent la sorcellerie, la magie et la drogue. La sainteté et la foi marchèrent ensemble et nous eûmes une grande joie de vivre le ciel sur la terre. Dieu toucha un grand officier de l'Etat BULIGO ANSELME qui devint le premier partenaire et supporta les campagnes d'évangélisation et des conférences de feu à BUTEMBO et finançant les diverses activités du Service de l'évangélisation Internationale. Aujourd'hui il est un grand serviteur de Dieu à Goma.

Grâce à ces mouvements du St Esprit, les frères et sœurs allèrent au Burundi, Rwanda, Nord-Kivu, Maniema, Kisangani, Kalemie. Toutes les églises réveils de la région prirent son origine par la grâce que Dieu donna à son Serviteur RAHA MUGISHO. Plus de trois cent églises furent établies par ce réveil (LES EGLISES PENTECOTES RHEMA/SEI). Je déclare encore aujourd'hui que Dieu cherche les serviteurs par qui il produira un réveil de grandes dimensions, je vous prie frères et sœurs que nous abandonnions les distractions et laissons nous à la disposition du St Esprit. Il fera encore, cette fois par vous.

Notez chers bienaimés qu'une chose peut être difficile mais pas impossible, avec le courage, la foi et la détermination nous y arriverons : faites fidèlement quelque chose pour le Seigneur. Quoique la dimension vous semble insignifiante ne rentrez pas en arrière, la finalité vous démontrera sa grandeur.

[Lorsqu'on oublie la vision divine il est très sûr que on entrera dans des distractions jusqu'à commettre des péchés mais en se repentant et rentrer à la case du départ Dieu pardonne et continue la marche victorieuse avec son oint.]

1Cor.9 : 16-17, 23-27

[16]Si j'annonce l'Évangile, ce n'est pas pour moi un sujet de gloire, car la nécessité m'en est imposée, et malheur à moi si je n'annonce pas l'Évangile!

[17]Si je le fais de bon cœur, j'en ai la récompense; mais si je le fais malgré moi, c'est une charge qui m'est confiée.

[23]Je fais tout à cause de l'Évangile, afin d'y avoir part.

²⁴Ne savez-vous pas que ceux qui courent dans le stade courent tous, mais qu'un seul remporte le prix? Courez de manière à le remporter.

²⁵Tous ceux qui combattent s'imposent toute espèce d'abstinences, et ils le font pour obtenir une couronne corruptible; mais nous, faisons-le pour une couronne incorruptible.

²⁶Moi donc, je cours, non pas comme à l'aventure; je frappe, non pas comme battant l'air.

²⁷Mais je traite durement mon corps et je le tiens assujetti, de peur d'être moi-même rejeté, après avoir prêché aux autres.

Ne soyez pas le comptable des péchés des autres, occupez vous de ce que Dieu veut que vous accomplissiez ; vous comptez les péchés de 1986 a 2011, qui vous a donné ce travail. Quand Dieu pardonne Il pardonne et oublie ; arrêtez vous, vous serez maudit. Qui êtes-vous pour combattre L'Eternel ? Il a dit : Nombres 23 :¹⁹Dieu n'est point un homme pour mentir, Ni fils d'un homme pour se repentir. Ce qu'il a dit, ne le fera-t-il pas? Ce qu'il a déclaré, ne l'exécutera-t il pas?

²⁰Voici, j'ai reçu l'ordre de bénir: Il a béni, je ne le révoquerai point.

²¹Il n'aperçoit point d'iniquité en Jacob, Il ne voit point d'injustice en Israël; L'Éternel, son Dieu, est avec lui, Il est son roi, l'objet de son allégresse.

²²Dieu les a fait sortir d'Égypte, Il est pour eux comme la vigueur du buffle.

²³L'enchantement ne peut rien contre Jacob, Ni la divination contre Israël; Au temps marqué, il sera dit à Jacob et à Israël: Quelle est l'œuvre de Dieu.

²⁴C'est un peuple qui se lève comme une lionne, Et qui se dresse comme un lion; Il ne se couche point jusqu'à ce qu'il ait dévoré la proie, Et qu'il ait bu le sang des blessés.

L'histoire du vin qui arrive à force dans l'église est un piège du diable.

Daniel s'était privé de tous ses pièges pour avoir la faveur de Dieu ; ⁸Daniel résolut de ne pas se souiller par les mets du roi et par le vin dont le roi buvait, et il pria le chef des eunuques de ne pas l'obliger à se souiller.

Si une personne peut gagner 1000 combattants combien sera pour 10 et davantage. Je vous exhorte frères et sœurs d'avoir la sainte jalousie et multiplier les sacrifices pour l'œuvre de Dieu. Aimer Dieu signifie que je puis faire tout ce qui est demandé pour que Ses desseins SOIENT RENCONTRES. Faire encore plus de sacrifices que vous avez fait hier ; Lui aussi fera encore. Ne vous négligez pas parce que vous êtes humilié par ce monde Dieu a toujours besoin de vous malgré les menaces des méchants : JEREMIE 1 :4-10

⁴La parole de l'Éternel me fut adressée, en ces mots:

⁵Avant que je t'eusse formé dans le ventre de ta mère, je te connaissais, et avant que tu fusses sorti de son sein, je t'avais consacré, je t'avais établi prophète des nations.

⁶Je répondis: Ah! Seigneur Éternel! voici, je ne sais point parler, car je suis un enfant.

⁷Et l'Éternel me dit: Ne dis pas: Je suis un enfant. Car tu iras vers tous ceux auprès de qui je t'enverrai, et tu diras tout ce que je t'ordonnerai.

⁸Ne les crains point, car je suis avec toi pour te délivrer, dit l'Éternel.

⁹Puis l'Éternel étendit sa main, et toucha ma bouche; et l'Éternel me dit: Voici, je mets mes paroles dans ta bouche.

¹⁰Regarde, je t'établis aujourd'hui sur les nations et sur les royaumes, pour que tu arraches et que tu abattes, pour que tu ruines et que tu détruises, pour que tu bâtisses et que tu plantes.

JEREMIE 51 : 20-23

²⁰Tu as été pour moi un marteau, un instrument de guerre. J'ai brisé par toi des nations, Par toi j'ai détruit des royaumes.

²¹Par toi j'ai brisé le cheval et son cavalier; Par toi j'ai brisé le char et celui qui était dessus.

²²Par toi j'ai brisé l'homme et la femme; Par toi j'ai brisé le vieillard et l'enfant; Par toi j'ai brisé le jeune homme et la jeune fille.

²³Par toi j'ai brisé le berger et son troupeau; Par toi j'ai brisé le laboureur et ses bœufs; Par toi j'ai brisé les gouverneurs et les chefs.

Les besoins d'hier sont dépassés ne nous lassons pas, soutenons toujours les œuvres de Dieu, nous ne perdons rien. Avec cet esprit, le réveil est possible et L'Esprit de Dieu fera de grandes choses. Les gens qui font horreurs se repentiront. Ce sont ceux-ci qui font les lois dans tous les pays. Au lieu de persécuter l'église ils seront aussi des disciples. Ce n'est que par le réveil que ceci peut se réaliser .Ne vous en faites pas c'est le travail du St Esprit.

Aujourd'hui beaucoup de ministres pour remplir les églises et mettre les gens confortables. Ils enseignent la philosophie, la psychologie, et les théories magiques suivis des démonstrations de toutes sortes. Tout ceci c'est inutile, la parole seule délivrera, guérira, sauvera, donnera l'espoir et remplira. OSEE 4.6 -11 nous dit :

[6]Mon peuple est détruit, parce qu'il lui manque la connaissance. Puisque tu as rejeté la connaissance, Je te rejetterai, et tu seras dépouillé de mon sacerdoce; Puisque tu as oublié la loi de ton Dieu, J'oublierai aussi tes enfants. [7]Plus ils se sont multipliés, plus ils ont péché contre moi: Je changerai leur gloire en ignominie.

[8]Ils se repaissent des péchés de mon peuple, Ils sont avides de ses iniquités.

[9]Il en sera du sacrificateur comme du peuple; Je le châtierai selon ses voies, Je lui rendrai selon ses œuvres.

[10]Ils mangeront sans se rassasier, Ils se prostitueront sans multiplier, Parce qu'ils ont abandonné l'Éternel et ses commandements.

[11]La prostitution, le vin et le moût, font perdre le sens.

IV APPORT DU REVEIL

Si nous obéissons et nous nous mettons à l'œuvre de marcher dans la vision de l'heure, c'est-à-dire que nous cherchons d'abord le réveil en nous et ensuite engager la guerre par l'évangile puissant voici ce qui nous arriveront.

1. L'Esprit de Dieu ouvrira les yeux de disciple (connaitront les stratégies de diable)

2. La provision des enfants de Dieu sera assurée (J'ébranlerai les nations et leurs trésors…)

3. L'Esprit de réconciliation et la restauration de l'amour de Dieu dans les familles, la crainte de L'Eternel reviendra dans son église.

4. La protection divine et invulnérabilité aux flèches de diable (aucun démon ne se tiendra devant vous…)

5. La foi produira des miracles et des prodiges, la conversion des pécheurs et les gens qui persécutent l'église (L'ère du St Esprit)

6. Dieu annoncera les événements à ses saints (Deux hommes marchent ils ensemble sans être consenti ?)

7. Le sage brillera dans la gloire à venir. (Daniel 12 :2-3)

(Actes 2.41-47 Actes 4.31)

⁴¹Ceux qui acceptèrent sa parole furent baptisés; et, en ce jour-là, le nombre des disciples s'augmenta d'environ trois mille âmes.

⁴²Ils persévéraient dans l'enseignement des apôtres, dans la communion fraternelle, dans la fraction du pain, et dans les prières.

⁴³La crainte s'emparait de chacun, et il se faisait beaucoup de prodiges et de miracles par les apôtres.

⁴⁴Tous ceux qui croyaient étaient dans le même lieu, et ils avaient tout en commun.

⁴⁵Ils vendaient leurs propriétés et leurs biens, et ils en partageaient le produit entre tous, selon les besoins de chacun.

46Ils étaient chaque jour tous ensemble assidus au temple, ils rompaient le pain dans les maisons, et prenaient leur nourriture avec joie et simplicité de cœur,

[47]louant Dieu, et trouvant grâce auprès de tout le peuple. Et le Seigneur ajoutait chaque jour à l'Église ceux qui étaient sauvés.

ACTES 4 : 31-37

[31]Quand ils eurent prié, le lieu où ils étaient assemblés trembla; ils furent tous remplis du Saint Esprit, et ils annonçaient la parole de Dieu avec assurance.

[32]La multitude de ceux qui avaient cru n'était qu'un cœur et qu'une âme. Nul ne disait que ses biens lui appartinssent en propre, mais tout était commun entre eux.

[33]Les apôtres rendaient avec beaucoup de force témoignage de la résurrection du Seigneur Jésus. Et une grande grâce reposait sur eux tous.

[34]Car il n'y avait parmi eux aucun indigent: tous ceux qui possédaient des champs ou des maisons les vendaient, apportaient le prix de ce qu'ils avaient vendu,

[35]et le déposaient aux pieds des apôtres; et l'on faisait des distributions à chacun selon qu'il en avait besoin.

[36]Joseph, surnommé par les apôtres Barnabas, ce qui signifie fils d'exhortation, Lévite, originaire de Chypre,

[37]vendit un champ qu'il possédait, apporta l'argent, et le déposa aux pieds des apôtres.

Si l'église ferme les yeux alors viendront ces fléaux :

Les chrétiens adopteront le système du monde. (homosexualité tolérée, la cécité d'esprit)

L'économie sera pire (Finis les aides sociales et les aides humanitaires)

Les divorces seront à la mode (Mariage de contrat)

La mort précoce (Sacrifice et le jet de sort réussiront)

L'incrédulité et sa proclamation (Refus catégorique de la puissance de Dieu)

Calamité et confusion augmenteront (L'obscurité croîtra)

La Sorcellerie, la sorcellerie, les sociétés secrètes causeraient la ruine de la société.

REVELATION 2 :4-5

[4]Mais ce que j'ai contre toi, c'est que tu as abandonné ton premier amour.

[5]Souviens-toi donc d'où tu es tombé, repens-toi, et pratique tes premières œuvres; sinon, je viendrai à toi, et j'ôterai ton chandelier de sa place, à moins que tu ne te repentes.

Réveille toi qui dort, Relève-toi d'entre les morts et Christ t'éclairera

Préparez la guerre, Réveillez les héros, nous n'avons pas le temps à perdre

Dans le feu et le sang Le Lion de la tribu de Juda relèvera son épouse.

JOEL 2

[28]Après cela, je répandrai mon esprit sur toute chair; Vos fils et vos filles prophétiseront, Vos vieillards auront des songes, Et vos jeunes gens des visions.

[29]Même sur les serviteurs et sur les servantes, Dans ces jours-là, je répandrai mon esprit.

[30]Je ferai paraître des prodiges dans les cieux et sur la terre, Du sang, du feu, et des colonnes de fumée;

[31]Le soleil se changera en ténèbres, Et la lune en sang, Avant l'arrivée du jour de l'Éternel, De ce jour grand et terrible.

[32]Alors quiconque invoquera le nom de l'Éternel sera sauvé; Le salut sera sur la montagne de Sion et à Jérusalem, Comme a dit l'Éternel, Et parmi les réchappés que l'Éternel appellera.

Yahvé Sabaoth, fais nous revenir avec une puissante force pour renverser toutes les forteresses de diable. Nous n'allons pas rester à pleurer pour Canaan nous devons le prendre.

JOSUE 14 : 7-12

[7]J'étais âgé de quarante ans lorsque Moïse, serviteur de l'Éternel, m'envoya de Kadès Barnéa pour explorer le pays, et je lui fis un rapport avec droiture de cœur.

⁸Mes frères qui étaient montés avec moi découragèrent le peuple, mais moi je suivis pleinement la voie de l'Éternel, mon Dieu.

⁹Et ce jour-là Moïse jura, en disant: Le pays que ton pied a foulé sera ton héritage à perpétuité, pour toi et pour tes enfants, parce que tu as pleinement suivi la voie de l'Éternel, mon Dieu.

¹⁰Maintenant voici, l'Éternel m'a fait vivre, comme il l'a dit. Il y a quarante-cinq ans que l'Éternel parlait ainsi à Moïse, lorsqu'Israël marchait dans le désert; et maintenant voici, je suis âgé aujourd'hui de quatre-vingt-cinq ans.

¹¹Je suis encore vigoureux comme au jour où Moïse m'envoya; j'ai autant de force que j'en avais alors, soit pour combattre, soit pour sortir et pour entrer.

¹²Donne-moi donc cette montagne dont l'Éternel a parlé dans ce temps-là; car tu as appris alors qu'il s'y trouve des Anakim, et qu'il y a des villes grandes et fortifiées. L'Éternel sera peut-être avec moi, et je les chasserai, comme l'Éternel a dit.

¹³Josué bénit Caleb, fils de Jephunné, et il lui donna Hébron pour héritage.

IV UN GRAND DANGER POUR L'EVANGELISATION

Il est un bon moment de nous corriger dans le domaine de l'évangélisation. Est-il que beaucoup de serviteurs de Dieu ayant les moyens envoient de ressources pour que les pasteurs leur préparent des campagnes et séminaires spirituels ; ceci n'a rien du mal mais aujourd'hui ceci est devenu une règle qui défavorise les itinérants qui doivent être supportés. Ceci va maintenant vers une déviation et contraint d'autres serviteurs qui ont des messages adéquats de se courber parce qu'ils n'ont pas à contribuer.

Les préparations des campagnes reviennent à la charge des églises qui reçoivent le serviteur de Dieu et il est écrit que celui qui travaille à l'autel mange à l'autel. Les églises doivent supporter les serviteurs de Dieu qui sillonnent ici et là pour apporter les âmes a Christ et aussi pour réveiller l'église

Autre chose qui ne donne pas l'accès au St Esprit dans les églises est le choix de prédication que le pasteur donne au prédicateur. Il est vrai que dans les enseignements, ce dernier a le plein droit de choisir les sujets du mois ou de l'année, mais si il a l'habitude d'inviter les prédicateurs pour qu'ils parlent seulement de l'argent, cette église est en voix de se transformer à un business personnel et n'a rien avoir avec le mouvement du St Esprit. Frères et sœurs bienaimés, souffrez pour accepter toutes les vérités venues du message et soyez prêts à vous repentir si la parole vous touche. Ne déchargez pas votre colère sur le prédicateur, il est libre de se laisser, orienter par L'Esprit de Dieu pour la guérison des âmes.

Mes chers collègues serviteurs et tous qui veulent la justice de Dieu.

Bienaimés, nous devons savoir la vérité et aussi les paroles bien assaisonnées des hommes célèbres. Une chose est sûre et certaine, la parole de Dieu reste la lampe que Satan et ses agents n'éteindront jamais. Seule la vérité peut affranchir. Vous pouvez passer par de bonnes leçons de morale et de psychologie et de philosophie, vous sentirez quelques émotions mais vous rentrerez toujours dans la position originale. Sans s'adonner parfaitement à Jésus-Christ rien ne se produira. Nous avons tous besoin de Jésus pour vaincre la chair et ses désirs. Nous sommes appelés à faire une vraie repentance devant Le Seigneur pour qu'Il puisse nous transformer et nous orienter selon la volonté de Dieu. Si nous sommes sincères devant notre conscience, nous remarquerons que la majorité de nos décisions ne viennent que de nous-mêmes. Nous n'avons pas beaucoup de temps d'attendre la volonté de Dieu. Sachez bienaimés, même si la parole de Dieu déclare dans Proverbes 24 ; 16 que le juste tombe sept fois et il se relève, ce n'est pas la raison de nous laisser défaillir. Résister la volonté de Dieu c'est ouvrir la porte à Satan. Quoique la chair tremble devant la volonté de Dieu nous n'avons pas un meilleur choix que de lui obéir.

Nous avons besoin des enseignements qui nous aideront à sonder nos cœurs pour nous amener à la vraie repentance. Ce n'est pas le moment de continuer avec le scandale de semer de l'argent pour avoir une prospérité instantanée, c'est du scandale et non pas une révélation. Nous sommes prêts à donner pour le travail de Dieu et à payer les dîmes, mais si notre message est toujours focalisé à l'argent, c'est un grand danger ; aujourd'hui nous avons beaucoup d'escroqueries spirituelles sans limite dans les églises. Tout ceci provient du désir de ce monde et de ce qui le renferme. Enfants de Dieu, sachez discerner ce qui est la volonté de Dieu et ce qui est une ruse de Satan dans nos communautés religieuses.

Je crois avec détermination que ceux qui travailleront dans l'humilité l'amour et la sincérité auront beaucoup d'honneurs dans le royaume de Dieu mais la majorité de célébrités chrétiennes ne verront pas Dieu parce qu'ils ont fait croire les mensonges aux innocents. Mon cœur brûle de joie, connaissant qu'un jour, Dieu me dira « mon enfant tu as vaincu, entre dans la joie de ton Père. » Je ne sais à quoi je puis comparer cet événement.

Dis ce que Dieu t'a parlé sans ajouter ni diminuer et tu verras la gloire de Dieu. Le plus grand message de Jean Baptiste fut la repentance, notre Seigneur mêmement, et les apôtres n'ont continué qu'avec ce mot. Je remercie Dieu pour vous qui me lisez parce que l'Esprit de Dieu vous parlera.

Bienaimés dans Le Seigneur

Nous sommes dans une heure très importante ou nous devons nous dégager de toutes impuretés pour préparer la venue de L'Epoux. Ce n'est plus le moment de céder aux émotions et aux cérémonies des prophéties pour se divertir mais de combattre l'ennemi par les armes spirituelles. L'amour de Dieu se manifestera de la façon que nous vivons avec les autres et non pas par les caractéristiques extérieures. L'église doit entrer dans la première phase de repentance pour qu'elle puisse entrer dans la gloire de Dieu. Par les enseignements divers, L'Esprit de Dieu m'a utilisé pour vous parler de la sainteté et du pouvoir du sang de Jésus Christ. Par la grâce de Dieu vous avez appris les enseignements concernant la petite pierre qui sera grande et dominera sur toutes les nations. Vous avez aussi appris dans les sept églises d'Asie les profondeurs de Satan le Nicolaïsme et le balaamisme. Au fait même si je mourrai aujourd'hui je ne vous ai rien caché et les autres vrais messagers de Dieu vous répéteront ce que vous avez appris pour votre édification et confirmation. Ceci est très vrai comme vous ne pouvez pas l'imaginer. Jésus frappe à la porte, IL n'est pas loin, aplanissez ses sentiers.

Malheureusement, beaucoup sont insensibles à la parole à cause de ce qui m'est arrivé. Je vous le dis et vous le répète que RAHA est un homme ordinaire envoyé par Dieu pour vous annoncer son message ;Si vous vous en passez de lui, ce n'est rien et si il a été envoyé vous le savez et si vous vous en doutez, vous avez le plein droit mais ne doutez pas de la parole de Dieu qui sort dans sa bouche. Préparez le chemin du Seigneur ; Jésus revient bientôt, ne vous plaisez pas par des prédications qui flattent le corps pendant que les gents ne voient pas la splendeur du nouveau ciel et la nouvelle Jérusalem.

Quant a moi, malgré tous les droits que je puis avoir, à cause de l'église de Christ et pour mon propre témoignage j'ai accepté le sacrifice de ne pas m'attribuer tout qui ne vient pas du Seigneur. Dieu Lui-même me jugera si ma vision ne vient pas de Lui. Ce qui est passé fut conçu par le malin pour me tuer spirituellement et physiquement mais Dieu le Père des orphelins seul me garde et me protège ; Je prie tout enfant de Dieu de me laisser boire ma coupe seul parce que l'abomination est entrée dans les lieux censés être saints et tous disent amen disant que c'est le réveil. J'ai été rejeté mais Dieu s'occupe toujours de moi en tant que son enfant et son serviteur.

Je n'ai pas honte de vous dire que la vraie prédication pour ce moment ce n'est pas le mariage, ce n'est pas la grossesse, ce n'est pas la prospérité, ce n'est pas le voyage d'occident mais c'est seulement de purifier nos cœurs et éviter toutes sortes d'immoralités sexuelles. Le modernisme que l'église adopte sans discernement est une ruse de Satan pour provoquer la colère de Dieu. Que ceux qui sont sages entendent et retiennent ce que L'Esprit de Dieu parle à son église. Le mensonge ne sera jamais la vérité et la vérité ne sera jamais le contraire et sachez qu'elle triomphera. Ne soyez pas déçus des miracles qui sont faits par les impudiques et les orgueilleux, Dieu n'est pas là. Il vous enverra des serviteurs purs, humbles qui ne regardent pas votre argent mais vos âmes. L'histoire de présenter la chaire à tout charlatans est dépassé, il est acceptable que vous restiez seul à l'autel au lieu le faire cadeau aux aventuriers. Bienaimés ce que vous n'avez pas vu dans le monde vous le verrez, et un grand changement viendra dans votre pays mais sachez une chose, Jésus revient bientôt. Je sais ce que je vois dans ma vision et un jour je le parlerai tout haut.

Le Seigneur m'a purifié de toutes souillures, cela me suffit et quiconque se plait à me souiller, je n'ai rien contre lui mais tous nous devons avoir un grand désir de rencontrer Jésus et de rester avec lui éternellement. Les gents qui veulent le malheur des attristés seront déçus et ils verront que Dieu est juste. Israël fut à tout moment l'élu de Dieu mais à cause de sa corruption et infidélité Dieu l'a rejeté pour beaucoup d'années. On ne se moque pas de Dieu. Il ne tolère jamais les péchés et l'injustice. Le péché n'est pas ce que certains imaginent mais c'est de ne pas faire la volonté de Dieu. Le vrai réveil de Dieu va souffler et les prodiges et les miracles de Dieu seront manifestés. Je vous aime et je vous salue ; prions les uns et les autres. Je suis obligé d'obéir à Dieu et c'est ainsi que je vous écrits cette lettre. Préparez le chemin du Seigneur. Lisez et relisez les sept églises d'Asie, la brochure que je vous ai laissée ; elle vous rappellera de la vérité qui est dévoilée. Si vous ne l'avez pas, je suis dispose à vous l'envoyer si vous le commandez au csolidarity@ yahoo.fr, .Je vous ai dis que l'information est une puissance et vous avez besoin de la vraie information spirituelle pour que vous soyez affranchis. L'information amène la formation ; la formation amène la connaissance ; la connaissance amène la vérité et la vérité vous amène la liberté. Visitez s'il vous plait notre site www.rhemasei.ning. com pour connaitre d'autres informations nécessaires.

VI FUIYEZ TOUTES LES DISTRACTIONS QUI SONT DES BARRIERES AU

REVEIL ET POUR ARRIVER AU CIEL.

1 JEAN 2

[15]*N'aimez point le monde, ni les choses qui sont dans le monde. Si quelqu'un aime le monde, l'amour du Père n'est point en lui;*

[16]*car tout ce qui est dans le monde, la convoitise de la chair, la convoitise des yeux, et l'orgueil de la vie, ne vient point du Père, mais vient du monde.*

[17]*Et le monde passe, et sa convoitise aussi; mais celui qui fait la volonté de Dieu demeure éternellement.*

La première réaction qui vient dans l'homme animal est d'aimer le monde et tout ce qui le renferme. C'est pour cette raison qu'il nous est dit dans l'épitre de Paul aux Romains d'être transformé par le renouvellement de l'intelligence...

C'est un processus qui va son chemin jusqu'à la perfection, mais lorsqu'on autorise l'intelligence de s'appuyer à la gloire de ce monde et à la justification par le matériel, on ne saura jamais être ami de Dieu. **Nous devons n'est-ce- pas, vomir le monde et laisser seulement L'Esprit de Dieu nous diriger** ; c'est-à-dire que ces choses doivent être externes et non pas internes.

Si nous ne vomissons pas le monde dans nos cœurs, nous prierons ayant le monde en nous, nous prêcherons ayant ce monde comme guide et ce ne sera jamais agréable à Dieu.

Romains ; 12 :2

[2]Ne vous conformez pas au siècle présent, mais soyez transformés par le renouvellement de l'intelligence, afin que vous discerniez quelle est la volonté de Dieu, ce qui est bon, agréable et parfait.

Le pécheur peut être pardonné et sanctifié par Dieu mais l'amour de ce monde fait qu'on pèche jusqu'à la mort.

L'enfant de Dieu a ce témoignage vivant : « oui j'ai péché mais je ne suis plus là, oui j'avais menti mais je ne suis plus là, oui j'ai volé mais je ne suis plus là, oui j'ai commis l'adultère mais vous ne me verrez plus dans cet état... »

Souvent, ce sont les gents aux mains sales qui condamnent ceux là qui ont obtenu miséricorde. C'est très malheureux, parce qu'ils se justifient en faisant exposer les péchés déjà absout par Dieu. Dites-moi un péché que Dieu ne pourra pardonner si ce n'est uniquement blasphémer le St Esprit ? Comment un serviteur de Dieu peut jouer le rôle d'accusateur ? C'est le travail du diable ; nous sommes des pacificateurs et non des destructeurs. Comment un oint de Dieu pourra passer son temps à la télévision ou à l'internet pour diffuser les péchés de son collègue ? Comment peut-il connaitre le nouvel état d'âme de son frère ? Veut-il dire que Dieu ne peut jamais l'écouter quand il se repent ? Qui profite de cette action si ce n'est pas le diable ? Soyons mûrs et dépassons l'âge de bébé.

[9Je connais ta tribulation et ta pauvreté (bien que tu sois riche), et **les calomnies de la part de ceux qui se disent** Juifs et ne le sont pas, mais qui sont une synagogue de Satan.]

1 Jean 2 : 1

Mes petits enfants, je vous écris ces choses, afin que vous ne péchiez point. Et si quelqu'un a péché, nous avons un avocat auprès du Père, Jésus Christ le juste.

En faisant le parcours de 7 églises D'Asie, vous verrez que Dieu n'était pas ébloui de grands travaux et des services divers, ou le nombre des églises ou des croyants sauf de **la qualité divine requise.**

Vous avez une église de 100,000 membres, une cathédrale très splendide, ayant des offrandes qui surprennent les comptables ; tout ceci c'est notre affaire mais Dieu cherche la qualité, Il sonde les âmes, nos enseignements et notre façon de nous comporter.

L'église de Thyatire pouvait se vanter des œuvres établies et du degré de consécration aux programmes **religieux mais voici la cotation de Dieu.**

[19]**Je connais tes œuvres, ton amour, ta foi, ton fidèle service, ta constance, et tes dernières œuvres plus nombreuses que les premières.**

[20]Mais ce que j'ai contre toi, *c'est que tu laisses la femme Jézabel, qui se dit prophétesse, enseigner et séduire mes serviteurs, pour qu'ils se livrent à l'impudicité et qu'ils mangent des viandes sacrifiées aux idoles.*

²¹Je lui ai donné du temps, afin qu'elle se repentît, et elle ne veut pas se repentir de son impudicité.

²²Voici, je vais la jeter sur un lit, et envoyer une grande tribulation à ceux qui commettent adultère avec elle, à moins qu'ils ne se repentent de leurs œuvres.

²³Je ferai mourir de mort ses enfants; et toutes les Églises connaîtront que je suis celui qui sonde les reins et les cœurs, et je vous rendrai à chacun selon vos œuvres.

²⁴A vous, à tous les autres de Thyatire, qui ne reçoivent pas cette doctrine, et qui n'ont pas connu les profondeurs de Satan, comme ils les appellent, je vous dis: Je ne mets pas sur vous d'autre fardeau;

²⁵seulement, ce que vous avez, retenez-le jusqu'à ce que je vienne.

²⁶A celui qui vaincra, et qui gardera jusqu'à la fin mes œuvres, je donnerai autorité sur les nations.

Il ne suffit pas de mémoriser les écritures mais d'avoir la révélation de la parole de Dieu. Sans cela, l'homme parle ce que l'intelligence et ses propres pensées lui dictent et non pas Dieu. Cette révélation ne pourra être parfaite que quand l'amour de Dieu inondera nos âmes et lorsque nous chercherons à tous lieux, non pas notre gloire mais celle de Dieu.

Rester indifférent quand l'esprit de Jézabel et ses enseignements souillent l'église est une offense devant Dieu. Nous, Pasteurs et conducteurs spirituels devons discerner la nourriture fraiche et propre pour les brebis du Seigneur. Nous devons veiller aussi aux loups qui veulent dévorer le troupeau de Dieu et les mettre hors d'état de nuire. Une seule réaction est demandée, celle de se repentir et de se livrer au modèle et ordonnances divines.

N'aimez pas le monde et ceux qui le renferment, utilisez ces choses comme outils mais ne soyez pas identifiés par ces choses. Tout est temporaire mais Dieu réserve la joie éternelle à ceux qui vaincront.

DIEU EST TOUJOURS BON POUR CEUX QUI LE RECONNAISSENT

Nahum 1

[7]L'Éternel est bon, Il est un refuge au jour de la détresse; Il connaît ceux qui se confient en lui.

La grande arme du diable est de démontrer que vu le nombre des péchés commis, la grâce de Dieu serait enlevée, vu les condamnations des hommes la charge serait fatale.

Laisse-moi vous dire aujourd'hui que Dieu n'est pas un homme pour agir comme un humain. Il connait tous ceux qu'il a créés, depuis l'être humain aux animaux mais Il a fait grâce à l'homme vu ses faiblesses et ses péchés.

Aussi longtemps tu reconnaitras tes péchés et demander pardon à Dieu, Il est prêt à te pardonner et te venir en aide. Il reste le seul refuge sûr au jour de détresse. Tout refuge que tu peux avoir est temporaire et muable, aux jours de détresses, le ton change et les arguments négatifs et décourageants t'arriveront sans doute.

Mais Dieu est présent pour nous aider et nous sécuriser, il ne compte pas les forfaits que nos semblables nous imposent. Il nous assure que ces souffrances ne viendront plus.

Nahum 1

[9]Que méditez-vous contre l'Éternel? C'est lui qui détruit. La détresse ne paraîtra pas deux fois.

[10]Car entrelacés comme des épines, Et comme ivres de leur vin, Ils seront consumés Comme la paille sèche, entièrement.

La force de ceux qui te torturent est très limitée et à l'heure bien choisie par Dieu elle sera dépouillée de son influence. Il n'y a que Dieu qui contrôle l'avenir et qui en est le maître. Les outrages que les méchants font leur retourneront comme des graines plantées dans leurs champs.

[12]Ainsi parle l'Éternel: Quoique intacts et nombreux, Ils seront moissonnés et disparaîtront. Je veux t'humilier, Pour ne plus avoir à t'humilier...

[13]Je briserai maintenant son joug de dessus toi, Et je romprai tes liens...

Si Dieu a pardonné Nebuchadnetsar malgré ses péchés, qui d'autre pourrait être refusé cette grâce. Samson avait tergiversé l'ordre et les instructions de Dieu mais lorsqu'il s'est souvenu de Dieu, il a été secouru et se venger de ses ennemis.

Israël refusait le Dieu d'Abraham et se prostituait pour des dieux étrangers ; ils étaient vendus et restés des années aux mains des ses ennemis mais lorsqu'ils reconnaissaient leurs péchés Dieu leur pardonnait et détruisait leurs ennemis. Personne ne pouvait sauver Jonah dans le ventre du poisson mais en se repentant et en reconnaissant sa faute Dieu a donné l'ordre d'être vomis à la place indiquée et il n'avait plus besoin d'un bateau pour arriver à destination

Daniel 4

[33]Au même instant la parole s'accomplit sur Nebucadnetsar. Il fut chassé du milieu des hommes, il mangea de l'herbe comme les bœufs, son corps fut trempé de la rosée du ciel; jusqu'à ce que ses cheveux crussent comme les plumes des aigles, et ses ongles comme ceux des oiseaux.

[34]Après le temps marqué, moi, Nebucadnetsar, je levai les yeux vers le ciel, et la raison me revint. J'ai béni le Très Haut, j'ai loué et glorifié celui qui vit éternellement, celui dont la domination est une domination éternelle, et dont le règne subsiste de génération en génération.

[35]Tous les habitants de la terre ne sont à ses yeux que néant: il agit comme il lui plaît avec l'armée des cieux et avec les habitants de la terre, et il n'y a personne qui résiste à sa main et qui lui dise: Que fais-tu?

[36]En ce temps, la raison me revint; la gloire de mon royaume, ma magnificence et ma splendeur me furent rendues; mes conseillers et mes grands me redemandèrent; je fus rétabli dans mon royaume, et ma puissance ne fit que s'accroître.

[37]Maintenant, moi, Nebucadnetsar, je loue, j'exalte et je glorifie le roi des cieux, dont toutes les œuvres sont vraies et les voies justes, et qui peut abaisser ceux qui marchent avec orgueil.

Zacharie 8

[13]De même que vous avez été en malédiction parmi les nations, maison de Juda et maison d'Israël, de même je vous sauverai, et vous serez en bénédiction. Ne craignez pas, et que vos mains se fortifient!

¹⁴Car ainsi parle l'Éternel des armées: Comme j'ai eu la pensée de vous faire du mal lorsque vos pères m'irritaient, dit l'Éternel des armées, et que je ne m'en suis point repenti,

¹⁵ainsi je reviens en arrière et j'ai résolu en ces jours de faire du bien à Jérusalem et à la maison de Juda. Ne craignez pas!

¹⁶Voici ce que vous devez faire: dites la vérité chacun à son prochain; jugez dans vos portes selon la vérité et en vue de la paix;

¹⁷que nul en son cœur ne pense le mal contre son prochain, et n'aimez pas le faux serment, car ce sont là toutes choses que je hais, dit l'Éternel.

Dans n'importe quelle situation nous devons croire qu' en reconnaissant nos péchés et les repentir ,Dieu nous a déjà pardonnés et justifiés.

Nous n'avons pas à nous exposer dans des tribunaux des hommes qui sont très limités dans leurs jugements.

Notez bien qu'un héro ne s'arrête jamais parce qu'il a essuyé un échec au contraire il s'organise de mieux en mieux et va pour sa victoire.

David avait passé par beaucoup d'échecs dans sa vie mais il savait en qui se confier et il était sûr qu'il était justifié par Dieu lui-même. Combien de fois il a perdu la faveur qu'il avait aux hommes puissants ? Cela ne le fatiguait pas mais il s'encourageait dans Le Seigneur 1Sam 30 ; 1-2

Admettre l'échec est une chose et s'organiser est un autre mais le nombre de chute ne dit rien que la victoire. Notre victoire bouchera tous les échecs essuyés à travers notre démarche de tout aspect. Ps 103 ; 13-14

Ps. 130

³Si tu gardais le souvenir des iniquités, Éternel, Seigneur, qui pourrait subsister?

⁴Mais le pardon se trouve auprès de toi, Afin qu'on te craigne.

⁵J'espère en l'Éternel, mon âme espère, Et j'attends sa promesse.

⁶Mon âme compte sur le Seigneur, Plus que les gardes ne comptent sur le matin, Que les gardes ne comptent sur le matin.

Si nous prions pour la paix nous prierons avec foi et espérance ayant la conviction dans le cœur, parce que nous combattons dans la victoire. Je ne mourrai pas, je vivrai jusqu'à ce que tu réalises tes desseins dans ma vie ; Que les enfants de Dieu passent ce message de bouche à oreilles comme Israël a fait pour gagner.

ESAIE 62 :5-7

⁵Comme un jeune homme s'unit à une vierge, Ainsi tes fils s'uniront à toi; Et comme la fiancée fait la joie de son fiancé, Ainsi tu feras la joie de ton Dieu.

⁶Sur tes murs, Jérusalem, j'ai placé des gardes; Ils ne se tairont ni jour ni nuit. Vous qui la rappelez au souvenir de l'Éternel, Point de repos pour vous!

⁷Et ne lui laissez aucun relâche, Jusqu'à ce qu'il rétablisse Jérusalem Et la rende glorieuse sur la terre.

Les prières que nous devons faire pour le réveil ne sont pas celles des routines ou égoïstes. Ce sont les prières dans L'Esprit qui nous consacrent dans la présence de Dieu (Privation des certains loisirs telles que les cinémas, match, les envoutements de la télévision et certains jeux qui au fait viennent des profondeurs de Satan). Au fait ceci consiste à rester devant la face de L'Eternel pour beaucoup de temps. On prie jusqu'à quitter dans la première et la deuxième phase de prière c'est-à-dire que les deux niveaux doivent être dépassés. Celui de l'intelligence et celui de tâtonner, tantôt dans L'esprit et tantôt dans l'intelligence, pour enfin entrer dans l'automatisme, ici on devient prière, louange et adoration ; sans programme l'adoration, la louange la dédication, coulent dans le vrai adorateur. Il est impossible d'arriver à ce stade si le monde n'est pas vomis et les convoitises de la chair, celle des yeux, et l'orgueil de la vie. Il est imminent d'abandonner d'autres programmes et activités qui ne concordent pas avec la volonté de Dieu. Une fois la décision est faite ce processus devient possible et demeure.

Nombre 23 :8-10

[8]Comment maudirais-je celui que Dieu n'a point maudit? Comment serais-je irrité quand l'Éternel n'est point irrité?

[9]Je le vois du sommet des rochers, Je le contemple du haut des collines: C'est un peuple qui a sa demeure à part, Et qui ne fait point partie des nations.

[10]Qui peut compter la poussière de Jacob, Et dire le nombre du quart d'Israël? Que je meure de la mort des justes, Et que ma fin soit semblable à la leur!

Regardez et cherchez le royaume de Dieu et sa justice

Vomissons le monde et ses convoitises

Prions pour le royaume et quittons dans toutes distractions des prières d'enfants.

Dans le feu et dans le sang nous gagnerons en demeurant fidèle jusqu'à la fin.

LUC 4 :17-19

[17]et on lui remit le livre du prophète Ésaïe. L'ayant déroulé, il trouva l'endroit où il était écrit:

[18]L'Esprit du Seigneur est sur moi, Parce qu'il m'a oint pour annoncer une bonne nouvelle aux pauvres; Il m'a envoyé pour guérir ceux qui ont le cœur brisé,

[19]Pour proclamer aux captifs la délivrance, Et aux aveugles le recouvrement de la vue, Pour renvoyer libres les opprimés, Pour publier une année de grâce du Seigneur.

Bienaimés, Serviteurs de Dieu, ne soyez pas seulement heureux quand les miracles abondent dans votre ministère. Les choses les plus importantes sont ; 1- demeurer fidèle à Dieu jusqu'à la fin et continuer à s'humilier et d'obéir même le plus simple détail de la volonté de Dieu. 2- D'amener les gens à se repentir et avoir les zèles de gagner les âmes à Christ.

Ne faites pas comme Salomon qui demanda à Dieu de diriger le peuple mais il n'a pas demandé la sagesse de diriger son cœur, alors son cœur fut dirigé par ses désirs de la chair qui lui donnèrent une mauvaise fin.

1 ROIS 3

[7]Maintenant, Éternel mon Dieu, tu as fait régner ton serviteur à la place de David, mon père; et moi je ne suis qu'un jeune homme, je n'ai point d'expérience.

[8]Ton serviteur est au milieu du peuple que tu as choisi, peuple immense, qui ne peut être ni compté ni nombré, à cause de sa multitude.

[9]Accorde donc à ton serviteur un cœur intelligent pour juger ton peuple, pour discerner le bien du mal! Car qui pourrait juger ton peuple, ce peuple si nombreux?

[10]Cette demande de Salomon plut au Seigneur.

¹¹Et Dieu lui dit: Puisque c'est là ce que tu demandes, puisque tu ne demandes pour toi ni une longue vie, ni les richesses, ni la mort de tes ennemis, et que tu demandes de l'intelligence pour exercer la justice,

¹²voici, j'agirai selon ta parole. Je te donnerai un cœur sage et intelligent, de telle sorte qu'il n'y aura eu personne avant toi et qu'on ne verra jamais personne de semblable à toi.

¹³Je te donnerai, en outre, ce que tu n'as pas demandé, des richesses et de la gloire, de telle sorte qu'il n'y aura pendant toute ta vie aucun roi qui soit ton pareil.

¹⁴Et si tu marches dans mes voies, en observant mes lois et mes commandements, comme l'a fait David, ton père, je prolongerai tes jours.

REGARDONS MAINTENANT SA FIN

1 Rois 11

¹Le roi Salomon aima beaucoup de femmes étrangères, outre la fille de Pharaon: des Moabites, des Ammonites, des Édomites, des Sidoniennes, des Héthiennes,

²appartenant aux nations dont l'Éternel avait dit aux enfants d'Israël: Vous n'irez point chez elles, et elles ne viendront point chez vous; elles tourneraient certainement vos cœurs du côté de leurs dieux. Ce fut à ces nations que s'attacha Salomon, entraîné par l'amour.

³Il eut sept cents princesses pour femmes et trois cents concubines; et ses femmes détournèrent son cœur.

⁴A l'époque de la vieillesse de Salomon, ses femmes inclinèrent son cœur vers d'autres dieux; et son cœur ne fut point tout entier à l'Éternel, son Dieu, comme l'avait été le cœur de David, son père.

⁵Salomon alla après Astarté, divinité des Sidoniens, et après Milcom, l'abomination des Ammonites.

⁶Et Salomon fit ce qui est mal aux yeux de l'Éternel, et il ne suivit point pleinement l'Éternel, comme David, son père.

Il est monnaie courante d'entendre les témoignages des miracles, guérisons et faveurs, aussi que la grandeur des ministères mais parler de soi en ce qui concerne la transformation continuelle est rare. La croissance spirituelle est progressive et non stagnante. Plus nous nous donnons à chercher la face de Dieu, Il continue à nous transformer à l'image de Christ. Les miracles opérés ne sont pas pour nous enorgueillir mais pour glorifier L'Eternel. Après avoir fait ce que Dieu nous a ordonné, nous ne devons pas nous condamner si les merveilles auxquelles nous nous attendions ne sont pas atteintes. Dieu connait les causes et les raisons. Le Seigneur fit de nombreux miracles dans certains milieux et il a refusé de les produire ailleurs à cause de la dureté des cœurs des personnes rencontrées. A cette heure beaucoup d'églises sont dans la cécité à cause de leurs traditions même si le Seigneur voudra les visiter, elles ne sont pas prêtes à le recevoir. Que sera leur avenir ? Satan utilisera ses ruses pour les anéantir. Nous avons besoin de nous mettre en ordre avec Le Seigneur et nous devons être prêts à payer tous les prix pour être agréable à Dieu et recevoir le feu de l'Esprit.

Il est évident qu'on soit persécuté lorsqu'on suit à la lettre la volonté de Dieu et il faut s'attendre aux oppositions de toutes sortes. ¹²Or, tous ceux qui veulent vivre pieusement en Jésus Christ seront persécutés. 2 Tim.3 :12

Nous sommes arrivés à une saison ou règne la dégradation de la conscience ; la déchéance morale, les fraudes et mensonges sont légalisés.

A titre d'assistance nous allons lire Romains 8 ; 27-28 et Osée 10 :12

Si vous ne pouvez pas convertir le milieu que vous fréquentez il vous convertira

Vos fréquentations affectent votre productivité

▓ Par Yvan Castanou

«Qui fréquente les sages deviendra sage, mais celui qui fraie avec les insensés va au devant du malheur» Proverbes 13.20

Avez-vous remarqué qu'en compagnie de certaines personnes, vous vous sentez plus fort, comme encouragé, et que vous avez envie de devenir meilleur ? Et à l'inverse, avec d'autres, vous vous sentez plus faible, facilement en proie au doute ou à la peur.

Le choix de vos fréquentations détermine le niveau de votre productivité et de votre performance dans la vie.

La vérité est que chaque personne que vous fréquentez affecte votre vie, que ce soit pour y ajouter, soustraire, multiplier ou diviser. Son influence touche tous les domaines de ce que vous êtes : joie, foi, enthousiasme, crainte, zèle, consécration, intégrité, vision, espérance, attitude, etc.

Les personnes qui accomplissent leur destinée font extrêmement attention à leurs fréquentations. Elles savent que leur entourage détermine leurs réalisations. Ne dit-on pas : «Dis-moi qui tu fréquentes, je te dirai qui tu es», ou encore «Qui se ressemble s'assemble» ?

Certaines relations sont nuisibles à l'éclosion de votre potentiel. Certains de vos «amis» ne vous voient qu'au travers de votre passé, de ce que vous avez été, et ne font référence à vous qu'en ces termes. Ils ne vous projettent jamais dans votre futur, vers ce que vous pourriez devenir. D'autres refusent de vous voir évoluer vers un avenir meilleur malgré vos capacités, et préfèrent vous voir stagner.

Peu avant la crucifixion, Jésus a traité son ami Pierre en ennemi, lui disant : «Arrière de moi Satan». Parce qu'à ce moment là, Pierre ne se préoccupait pas de l'avenir de Jésus, ni de son but, qui était l'accomplissement de sa destinée (la crucifixion) pour sauver le monde.

Tout comme Jésus a dit à Judas «mon ami», lorsque ce dernier est venu le livrer. Parce qu'à ce moment précis, Judas était l'instrument qui poussait Jésus vers sa destinée, vers la volonté de Dieu pour sa vie.

Réalisez que le choix de vos fréquentations détermine le niveau de votre productivité et de votre performance dans la vie. La quantité et la qualité du fruit que vous porterez sont influencées par l'environnement dans lequel vous évoluez. Si vous ne savez pas discerner vos véritables amis, vous risquez de vouloir conserver certaines fréquentations dans votre vie, alors même qu'elles constituent un frein à votre maturité et à la réalisation de votre destinée. Aucune fréquentation ne vous laisse indifférent. Soyez donc vigilant, votre destinée en dépend.

VII Les Obstacles au Réveil

Par Charles Grandison Finney

En étudiant les obstacles aux réveils, je dois insister plus fortement qu'auparavant sur le fait que les ministères, comme l'Eglise dans son ensemble, manquent énormément d'amour pour Christ. Travailler pour le salut des âmes est une grande œuvre. Le cœur de ceux qui travaillent avec le Seigneur dans cette grande œuvre doit être entièrement consacré. Ils doivent éprouver un amour profond pour Christ. Sinon, on ne peut ni ne doit attendre que l'Esprit de Dieu soit répandu, ni que l'œuvre de l'Eglise et des ministères soit bénie.

La Bible enseigne abondamment que le temps de Dieu est aujourd'hui. Le moment de bénir Sion est venu. C'est le moment pour l'Eglise de prendre plaisir à ses ruines et de les relever de la poussière. L'Eglise et les ministères doivent être animés d'un amour profond et désintéressé pour Dieu et pour les hommes. Ils doivent être tellement remplis d'amour pour les frères qu'ils sont prêts à mourir pour eux. Ils doivent avoir tellement d'amour pour les précieuses âmes qu'ils acceptent de faire tous les sacrifices pour les sauver. Ils doivent même être prêts à offrir leur propre vie. Si c'est le cas, alors nous pouvons être sûrs que leurs efforts seront bénis. Mais s'ils ne sont pas animés de cet esprit, ils ne réussiront qu'à provoquer de l'excitation. Peut-être assimileront-ils cette excitation à un réveil spirituel et l'appelleront-ils ainsi. Mais, en général, le temps finira par démontrer qu'il ne s'agissait pas d'un véritable réveil spirituel. Quand les chrétiens et les ministères ne sont pas en communion avec Dieu, ils ne sont pas en mesure de discerner les faux réveils des véritables réveils spirituels. C'est pourquoi ils se lancent dans tant d'activités. Il faut qu'ils puissent annoncer qu'ils ont fait un grand nombre de convertis. En réalité, il n'y a pas un seul véritable converti parmi ceux-ci. Car ceux qui ont dépensé ces efforts ont engendré des enfants à leur propre ressemblance. Ils n'ont pas eux-mêmes l'Esprit de Christ. Ils ne sont pas eux-mêmes profondément animés d'un véritable esprit de réveil. Ils prennent donc à tort pour un véritable réveil ce qui n'était que leur propre excitation et l'excitation de ceux qui les accompagnaient. Cette excitation était sans doute tout autre chose qu'une réelle action du Saint-Esprit.

Plus de telles actions se multiplient, et plus elles aboutissent à des conversions superficielles. Plus elles font aussi considérer les réveils avec mépris, et plus elles nuisent profondément à la cause de Christ. A présent, j'aimerais parvenir à bien imprimer dans mon esprit, comme dans l'esprit de tous mes frères, la vérité suivante: nous ne pourrons espérer produire de véritables réveils spirituels que dans la mesure où nous serons nous-mêmes véritablement réveillés. Nous devons nous-mêmes être réellement et profondément spirituels. Il nous faut éprouver un amour intense et absolu pour Dieu. Nous devons être remplis de l'esprit de prière, d'amour, de foi, et de la puissance du Saint-

Esprit. Il y a tellement d'excitations qui nuisent à la foi véritable! Elles sont si souvent confondues avec un véritable réveil!

Nul ne peut s'efforcer d'obtenir un réveil en toute sécurité s'il n'est pas vraiment et profondément en communion avec Dieu, et s'il ne connaît pas réellement ce que Dieu désire. Nous devons agir en étant animés de l'Esprit qui animait Christ, quand Il est venu mourir pour les pécheurs. Nous devons veiller à ce que nos yeux soient clairs, afin que notre corps tout entier soit dans la lumière. Nous devons posséder un discernement spirituel profond. Nous devons être capables, à la lumière de l'Esprit de Dieu qui brille dans notre cœur, de reconnaître immédiatement toute forme d'excitation superficielle et toutes ses variantes. Nous avons besoin de marcher dans une telle communion avec Dieu que notre esprit repoussera naturellement tout esprit qui n'est pas de Dieu. Il nous est certainement possible d'atteindre ce niveau spirituel. Mais je désire tout particulièrement insister dans cette lettre sur la chose suivante: nous avons, dans une grande mesure, attristé le véritable Esprit de réveil, et nous l'avons éloigné de l'Eglise.

Pour autant que mes observations et les informations dont je dispose me permettent de l'affirmer, je dois dire que les actions pour le réveil sont devenues trop mécaniques, trop engluées dans la politique et les machinations humaines, et trop dépendantes des mesures et des moyens charnels. Il y a eu trop de l'homme et trop peu de Dieu. La nature des réveils a donc profondément changé au cours des dernières années. L'esprit qui animait les véritables réveils semble rapidement céder la place à des méthodes légalistes et mécaniques auxquelles on a recours à présent.

Je vais vous dire ce que doit faire celui qui veut obtenir un réveil. Il doit être sûr que sa propre consécration soit totale et que sa communion intérieure avec le Seigneur soit profonde. Il faut aussi qu'il soit abondamment rempli de la vie de Dieu, pour qu'il puisse être exaucé par Dieu dans ses prières. Il doit prêcher l'Evangile en étant revêtu de l'onction du Saint-Esprit, dans une démonstration d'Esprit et de puissance.

Il semble que les ministères et les Eglises veuillent le réveil tout en gardant un cœur endurci. Il est nécessaire que leur propre champ soit profondément labouré. Ils programment de longues séries de réunions, et tentent de provoquer un réveil, sans aucun travail préalable de préparation dans le secret de leur chambre. Ils n'ont pas complètement brisé leur cœur devant le Seigneur. Ils ne l'ont pas répandu devant Lui dans une entière soumission. Ils n'ont pas été remplis de foi et du Saint-Esprit.

Ils semblent espérer qu'ils seront eux-mêmes réveillés pendant ces réunions. Ils convoquent une assemblée tout en étant eux-mêmes rétrogrades, donc dans un état d'esprit égoïste. Les conducteurs commencent ces réunions, et les poursuivent jour après jour. Ils travaillent à la conversion des pécheurs et au réveil de l'Eglise, alors qu'ils sont peut-être eux-mêmes desséchés, durs de cœur, remplis d'incrédulité, mondains, et soucieux de la réussite de leurs efforts dans la seule mesure où leur propre réputation est en jeu. Ces réunions se poursuivent donc jour après jour, jusqu'à ce que tous soient gagnés par une vive excitation. Peut-être pourront-ils obtenir quelques confessions de péchés, et certaines conversions véritables. Mais, dans l'ensemble, ils ont semé au milieu des épines. Ils n'ont pas commencé par labourer leur propre champ. Le peu de résultats obtenus n'a peut-être contribué qu'à décourager les chrétiens, et à les dégoûter de rechercher un véritable réveil.

Frères, je dis la vérité, un réveil doit commencer par les ministères. Puisse-t-on programmer une série de réunions à l'intention des ministères! Il faudrait que quelques centaines de serviteurs de Dieu se rassemblent, prêchent, prient et intercèdent pour le bien-être spirituel les uns des autres, jusqu'à ce qu'éclate un vrai réveil spirituel parmi eux. Ils devraient prendre fidèlement soin les uns des autres, et être animés d'un tel amour que leurs cœurs seraient à l'unisson. Ils devraient tous ensemble être remplis d'amour pour Christ! Il ne fait aucun doute qu'en sortant d'une telle convention pour reprendre leurs différentes charges, ils seraient les instruments d'un réveil général dans toutes leurs Eglises!

Frères, je vous le demande, que faire pour mettre les ministères sur la bonne voie? Que faire pour leur faire abandonner leur agitation et leur esprit sectaire, leur ambition, et toute autre voie de péché? Que faire pour qu'ils consacrent tout leur cœur à ne vivre que pour Christ et pour le salut des âmes? Oh, n'est-ce pas ce dont nous avons le plus besoin? Si nous pouvons atteindre cela, alors l'aube se lèvera sur la gloire de Sion. Les ministères doivent cesser de rétrograder et de s'agiter vainement. Ils doivent décider de ne plus stagner dans les méandres de la politique et des manœuvres ecclésiastiques, comme ils l'ont fait au cours des dernières années. Sinon, je suis persuadé que des conséquences désastreuses se produiront. Dieu laissera les Eglises sombrer, sous l'influence de leurs conducteurs, dans un état toujours plus profond de chute et de délabrement spirituels. Ou alors le Seigneur écartera complètement ces conducteurs, et ira chercher ailleurs un autre instrument pour rebâtir les ruines de Sion. Lorsque je regarde l'état spirituel des ministères, mon âme est profondément troublée et mon esprit est agité au-dedans de moi. Frères, me permettez-vous de vous parler avec amour? Serez-vous offensés si je vous ouvre tout mon cœur? Pour l'amour de Sion, je ne me tairai pas, et pour l'amour de Jérusalem, je ne puis rester silencieux. Mes frères, voulez-vous vous réveiller et assaillir le trône de Dieu pour qu'éclate partout un véritable réveil?

Quand celui-ci se produira-t-il donc?

Voilà plus de dix ans que l'Esprit du Seigneur m'a montré, je le crois, que le cours des choses tendait rapidement vers le déclin des réveils. Tout spécialement dans ce domaine, j'ai pu constater que l'Eglise ne recevait pratiquement pas les prédications dont elle avait besoin. On a fait très peu de choses pour augmenter la piété des Eglises, et pour élever en permanence leur niveau spirituel. Les ministères, pour la plupart, n'ont prêché et travaillé directement que pour la conversion des pécheurs. Tel était l'ordre du jour. Pendant un temps, ces efforts ont été abondamment bénis par Dieu. Des multitudes de jeunes convertis se sont ajoutés aux Eglises. Pour le développement d'une saine piété, il était indispensable d'apporter à l'Eglise une prédication abondante et bien adaptée. Il fallait tout faire pour encourager l'Eglise à atteindre des objectifs spirituels et une piété toujours plus élevés. Je me suis rendu compte que cette tâche était très négligée par les ministères en général.

Moi-même, dans une certaine mesure, je me suis rendu coupable de cette erreur dans mon ministère itinérant d'évangéliste. Car mes efforts principaux, et souvent exclusifs, ont été consacrés à la conversion des pécheurs. Je pensais que les serviteurs de Dieu et les chrétiens avancés dans la foi feraient suivre ces puissants réveils d'une formation approfondie des jeunes convertis. Mais je me suis rendu compte que mes attentes dans ce domaine n'ont absolument pas été satisfaites. Par conséquent, les Eglises n'ont que très peu grandi dans la grâce. Leur vigueur spirituelle et leur puissance dynamique n'ont absolument pas correspondu à leur croissance numérique. Presque tous ceux qui connaissent la réalité admettront, je le pense, que ceux qui se sont convertis au cours des réveils récents ont apporté force et puissance à leurs Eglises. Pourtant, que ce soit dans ces réveils ou dans tous les autres dont j'ai entendu parler, ces convertis n'ont pas reçu la formation spirituelle qui aurait pu faire d'eux des chrétiens profondément spirituels et efficaces. Ces convertis se sont donc eux-mêmes attachés à convertir des pécheurs. Mais ils ne pouvaient s'appuyer que sur leur propre piété superficielle. L'Eglise n'est pas formée à une vie spirituelle plus profonde. Elle n'a pas appris à marcher avec Dieu. Elle n'a aucune connaissance des ruses de l'ennemi. Elle a donc dû se contenter, dans la grande majorité des cas, d'employer des méthodes mécaniques pour produire des réveils. Je ne peux que constater les effets désastreux de ces méthodes. En réalité, je vois que les Eglises en général se trouvent dans un état spirituel tellement lamentable qu'elles seront bientôt complètement incapables de produire un véritable réveil spirituel. Je vois qu'elles sont en train de perdre l'esprit de prière et la capacité d'être entendues de Dieu. La tendance actuelle est de ruiner tout véritable réveil en lui substituant toutes sortes d'excitations superficielles.

J'ai conscience de tout cela. Je suis animé d'un profond sérieux et j'éprouve une sincère angoisse. J'ai donc entrepris de sonder plus profondément mon propre cœur. Je veux être capable de manifester une plus grande perfection spirituelle devant les Eglises que je suis appelé à contacter. Il a plu au Seigneur Jésus-Christ de Se révéler à mon âme plus complètement que jamais auparavant. Il m'a fait la grâce de me montrer une dimension nouvelle de la hauteur, de la profondeur, de la longueur et de la largeur de la vie divine. Je n'avais jamais perçu auparavant une telle dimension. Cela m'a donc pleinement convaincu de l'importance qu'il y avait à augmenter la piété des Eglises, et à les presser de s'engager dans une nouvelle forme de vie spirituelle. Elles seront ainsi pleinement établies dans la grâce, et pourront éviter ces chutes et effervescences périodiques qui ont défiguré la véritable religion.

Mais je ne pourrai jamais exprimer quels ont été mon étonnement et mon chagrin quand je me suis rendu compte que les Eglises et les ministères étaient, dans leur ensemble, fortement opposés aux efforts entrepris pour élever la piété en leur sein. Partout on s'est exclamé: «Mais pourquoi ne prêchez-vous pas aux pécheurs? Pourquoi ne travaillez-vous pas à la conversion des pécheurs? Pourquoi vous efforcez-vous de réformer l'Eglise?» Je fus très surpris de voir que l'on croyait en général que l'Eglise se portait bien, et que la seule, ou la principale tâche des ministères était de travailler à la conversion des impies. Je dois à présent dire que cela m'est apparu, et m'apparaît toujours, comme une sorte de prétention spirituelle. L'état spirituel de l'Eglise se dégrade tellement vite qu'il réduit à néant toute tentative d'amener les multitudes impies à une véritable conversion. L'Eglise a été trop peu édifiée dans sa très sainte foi. Elle ne connaît rien de Christ, ou presque rien, si ce n'est qu'Il est mort en sacrifice expiatoire. Il est inquiétant de constater à quel point les chrétiens ignorent tout de la présence et de la puissance du Saint-Esprit demeurant en eux, de la sanctification et de la communion avec Dieu, de la marche par l'Esprit, de l'abandon de toute impiété et des convoitises mondaines, de la victoire sur le monde, de l'entière et universelle consécration, de la manière d'être rempli de toute la plénitude de Dieu, et de toutes les autres choses semblables. Le peuple est à l'image de ses sacrificateurs. Les serviteurs de Dieu, dans leur grande majorité, sont dans une situation semblable. Je ne peux manquer de le constater, et cela me remplit d'une souffrance indicible. Je ne suis pas le seul à avoir constaté ces choses. Je me suis rendu compte que tel ou tel frère dans le ministère, et beaucoup d'Eglises dans tout le pays, ont été conduits aux mêmes observations et aux mêmes conclusions.

Il me semble à présent connaître la raison principale pour laquelle cette puissante et belle vague de réveils a été arrêtée. L'Eglise a été trop négligée. On a trop considéré comme allant de soi que les chrétiens pourraient grandir seuls sans être nourris. On a cru qu'ils pourraient être affermis sans aucun enseignement spirituel, et qu'ils pourraient honorer Dieu sans avoir une piété profonde et pratique. On a sans doute considéré comme évident que l'Eglise se porterait bien si l'on se contentait de se préoccuper de sa croissance numérique et de convertir les pécheurs. J'ai éprouvé une souffrance profonde et indicible de voir que l'on considérait avec autant de froideur les tentatives faites pour réformer l'Eglise, et que des multitudes de chrétiens, ainsi qu'un grand nombre de ministères, s'opposaient même à ces tentatives avec tant de violence et d'amertume.

Parfois, quand je suis invité à prêcher dans certaines Eglises, il m'arrive d'apprendre qu'elles souhaitent me voir seulement prêcher aux pécheurs. Mais elles ne désirent pas me voir prêcher à l'Eglise. Un jour, une Eglise Presbytérienne me demanda par écrit de venir prêcher une série de messages à l'intention des impénitents. J'ai souvent entendu dire que les pasteurs et les chrétiens influents s'opposent fortement à l'idée de me voir venir prêcher à des chrétiens. Ils n'acceptent pas que l'on vienne reprendre et sonder des chrétiens. Ils refusent que l'on veuille examiner minutieusement leur vie spirituelle, jusqu'aux fondements mêmes de leur espérance. J'ai souvent entendu critiquer les prédications qui viennent ébranler les fausses espérances de ceux qui se proclament chrétiens. On a sans cesse décrié cette manière de prêcher. On a même fini par décider qu'elle n'était plus tolérable. Lorsque des serviteurs de Dieu en viennent à adopter une telle attitude, qu'arrivera-t-il à leur troupeau au jour du jugement? Quoi donc! Ils craignent d'être sondés, et d'avoir leur Eglises sondées! Ils craignent de voir une vive lumière projetée sur eux! Lorsqu'on demanda un jour à un pasteur de m'inviter à prêcher aux membres de son Eglise, il répondit: «Oh! J'aimerais bien qu'il vienne, s'il pouvait se contenter de prêcher aux inconvertis. Mais je ne peux pas supporter l'idée de le voir venir bouleverser l'Eglise!»

Mes frères bien-aimés, j'ai entendu beaucoup de critiques faites au cours de ces dix dernières années contre les tentatives de réveiller les Eglises et d'élever leur piété. Veut-on réellement dire, jusqu'à ce jour, que les Eglises n'ont pas besoin d'être réformées? Voici tout ce que je peux dire à mes chers frères: Maintenez cette attitude pendant un peu de temps encore, et il n'est pas besoin d'être prophète pour prédire que vos Eglises n'auront plus rien à voir avec des Eglises chrétiennes. Déjà maintenant, il n'est que trop manifeste qu'elles tendent à adopter un esprit libéral.

Après tout ce que je viens de dire, est-il possible qu'il y ait un seul frère qui soit encore assez aveugle pour ne pas voir la nécessité de porter un coup décisif aux fondations sur lesquelles s'appuie l'Eglise? La hache doit être appliquée à la racine de tout arbre stérile. Les ministères doivent soigneusement s'appliquer à creuser autour de ces arbres et à leur fournir de l'engrais. Ils doivent faire un effort pour sonder, réveiller et purifier les Eglises. Les chrétiens de longue date, comme les convertis des récents réveils, doivent être sondés et soigneusement examinés. Leurs fondations doivent être revues, et leurs cœurs entièrement remis en état. Ils doivent être édifiés, guidés dans une attitude spirituelle, et établis dans la grâce, afin d'être de vivantes épîtres de Christ, connues et lues de tous les hommes. Sinon, il est vain, et même plus que vain, de s'efforcer d'obtenir de nouveaux réveils.

Frères, le fait est que l'on a résisté aux efforts de réformation de l'Eglise, tout en ayant un amour désintéressé pour Dieu et pour les hommes. Dans une large mesure, l'Eglise a refusé d'être sondée. Les chrétiens ont refusé d'être changés. De sorte que l'Esprit de Dieu les a quittés, ou est en train de les quitter rapidement.

Si mes propos étaient plus atténués, je ne vous dirais pas toute la vérité. Mais, en disant ce que j'ai dit, je crains malgré tout d'avoir offensé certains de mes frères. Chers frères, je vous supplie de ne pas vous offenser de ce que je vous ai dit. Souffrez que je vous dise toute la vérité avec amour. N'est-il pas vrai que beaucoup d'entre vous, serviteurs de Dieu ou pas, avez refusé d'ouvrir sincèrement votre cœur à la réprimande, à la correction, à un examen sincère, et à la lumière de tout l'Evangile de Christ? N'est-il pas vrai que vous n'avez pas accepté que votre propre cœur change? N'avez-vous pas résisté aux efforts faits pour réveiller l'Eglise et augmenter sa sainteté? N'avez-vous pas été effrayés de la sanctification plus que du péché? N'avez-vous pas résisté aux efforts faits pour vous éclairer, et pour éclairer les Eglises que vous conduisez?

Que Dieu vous aide, mes frères, à répondre honnêtement à ces questions! N'avez-vous pas, bien souvent, non seulement fermé vos yeux à la lumière, mais tenté de fermer aussi les yeux des autres à cette lumière? N'avez-vous pas refusé de lire ce qui avait été écrit sur la sainteté que nous devons avoir dans cette vie? N'avez-vous pas usé de votre influence pour empêcher les autres de lire de telles exhortations? N'êtes-vous pas même allés jusqu'à vous exprimer contre ce sujet? N'avez-vous pas parlé avec mépris de ceux qui, dans l'agonie de leur cœur et dans les douleurs de l'enfantement, travaillaient à ramener au Seigneur une Eglise rétrograde?

Mes frères, ce sont des questions directes, posées avec l'intention d'être directes. Si je pouvais vous voir, je vous poserais ces questions à genoux. Si cela pouvait avoir quelque utilité, je laverais même vos pieds avec mes larmes. Mes frères, où en êtes-vous, et où en sont vos Eglises?

Quel est votre état spirituel? Quel degré indique le thermomètre de votre spiritualité? Etes-vous bouillants, froids, ou tièdes? Eprouvez-vous les douleurs de l'agonie pour élever le niveau de sainteté de l'Eglise, et celui de votre propre cœur? Prétendez-vous toujours que l'état de l'Eglise est suffisamment bon? Considérez-vous avec froideur et mépris tous les efforts entrepris pour la réveiller?

Que le Seigneur aie compassion de nous, mes frères, et qu'Il nous sonde tous entièrement. Qu'Il nous oblige à venir à la lumière, à confesser nos péchés et à les abandonner pour toujours, en nous saisissant de la plénitude qui est en Christ!

Référence: Le Feu du Réveil, Charles Finney - Editions Parole de Vie, 1996

Source: Parole de Vie - Utilisé avec permission

VIII Avertissement Contre les Séducteurs à Venir

Par Stanley Frodsham

Ce qui suit est l'extrait d'une prophétie donnée en 1965 au Camp d'Eté de l'Institut Biblique Elim en 1965 par feu Stanley Frodsham. Le frère Frodsham était un prophète reconnu et un enseignant dans le Corps de Christ dont la vie et le ministère ont couvert le Réveil Pentecôtiste, le grand Réveil de Guérison et les débuts du Mouvement Charismatique. Il est aussi l'auteur du très connu livre «Smith Wigglesworth: Apôtre de la Foi» («Smith Wigglesworth: Apostle of Faith»). Chaque chrétien devrait minutieusement tenir compte des avertissements qui suivent à l'heure où de si nombreux faux apôtres et prophètes inondent le marché de la confusion spirituelle.

«Lorsque Je visiterai Mon peuple dans une considérable puissance de réveil, c'est en vue de le préparer aux ténèbres à venir. Avec la gloire viendront de grandes ténèbres, car la gloire est destinée à préparer Mon peuple aux ténèbres. Elle rendra Mon peuple capable de les traverser grâce à la visitation de Mon Esprit. Prenez garde à vous-mêmes de peur que vous ne vous enfliez d'orgueil et pensiez que vous êtes arrivés. Beaucoup s'enfleront d'orgueil comme dans les anciens jours, car beaucoup à l'époque receivaient Mon message mais n'avaient pas persévéré dans ce message. N'ai-Je pas oint Jéhu ? Pourtant les choses que Je désirais ne se sont pas accomplies dans sa vie. Ecoutez les messagers, mais ne tenez pas les hommes en admiration. Car beaucoup de ceux que J'oindrai puissamment, avec des signes et des miracles, seront élevés et tomberont sur le bord de la route. Je ne fais pas ceci volontairement; J'ai mis en réserve des ressources afin qu'ils tiennent debout. J'en appelle beaucoup à entrer dans ce ministère et Je les équipe; mais souvenez-vous que beaucoup tomberont. Ils seront comme des lumières lumineuses et les gens se délecteront d'eux. Mais ils seront saisis par des esprits séducteurs et mèneront beaucoup parmi Mon peuple en dehors du chemin.

«Prêtez diligemment attention à ces choses, car dans les derniers jours, viendront des esprits séducteurs qui entraîneront au loin beaucoup de Mes oints. Beaucoup tomberont dans diverses débauches sexuelles et à cause du péché qui abonde. Mais si vous Me cherchez avec diligence, Je mettrai Mon Esprit en vous. Quand l'un se tournera à droite ou à gauche, vous ne tournerez pas avec eux, mais vous garderez vos yeux entièrement fixés sur le Seigneur. Les jours qui viennent sont des plus dangereux, difficiles et sombres, mais il y aura une puissante effusion de Mon Esprit sur beaucoup de villes. Mon peuple doit diligemment être averti des choses qui viennent devant lui. Beaucoup se tourneront vers des esprits séducteurs; beaucoup sont déjà en train de séduire Mon peuple. Ce sont ceux qui marchent dans la justice qui sont justes. Beaucoup couvrent leur péché par des mots théologiques. Mais Je vous avertis concernant les esprits séducteurs qui entraînent Mon peuple dans une mauvaise voie.

«Beaucoup viendront avec des esprits séducteurs et tendront des appâts pleins de luxure. Vous allez trouver, après que J'aurai visité de nouveau Mon peuple, que le chemin deviendra de plus en plus étroit, et que moins de gens y marcheront. Mais ne soyez pas séduits, les voies de la justice sont Mes voies. Car, même si Satan vient en tant qu'ange de lumière, ne l'écoutez pas; car ceux qui accomplissent des miracles et ne parlent pas selon la justice ne sont pas de Moi. Je vous avertis avec grande insistance que Je vais juger Ma maison pour avoir une Eglise sans tâche ni ride lorsque Je reviendrai. Je désire vous ouvrir les yeux pour vous donner de l'intelligence spirituelle, afin que vous ne soyez pas séduits, mais que vous puissiez marcher dans la droiture de cœur devant Moi, aimant la justice et haïssant toute voie mauvaise. Regardez à Moi, et Je ferai que vous perceviez avec les yeux de l'Esprit les choses qui menacent dans les ténèbres et qui ne sont pas visibles à l'œil humain. Laissez-Moi vous conduire dans ce chemin afin que vous perceviez les puissances des ténèbres et que vous les combattiez. Ce n'est pas une bataille contre la chair et le sang; car si vous combattez de cette façon, vous n'accomplirez rien. Mais si vous Me laissez prendre les commandes pour combattre les puissances des ténèbres, alors elles sont mises en défaite, et alors la libération est apportée à Mon peuple.

«Je vous adjoins par avance de rechercher dans les Ecritures avec diligence ce qui a trait à ces derniers jours. Car les choses qui sont écrites seront en effet rendues manifestes. Il viendra en nombre toujours plus grand des séducteurs parmi Mon peuple qui parleront selon la vérité et gagneront la faveur des gens. Car les gens examineront les Ecritures et diront : «Ce que disent ces hommes est vrai». Alors lorsqu'ils auront gagné les cœurs des gens, à ce moment et uniquement à ce moment-là, Satan rentrera dans Mon peuple. Guettez les séducteurs. Pensez-vous qu'un séducteur brandira une nouvelle hérésie pour en faire étalage devant Mon peuple ? Il dira des paroles selon la justice et la vérité, et apparaîtra comme un ministre de lumière déclarant la Parole. Le cœur des gens sera gagné. Alors, lorsque les cœurs seront gagnés, ils afficheront leurs doctrines, et les gens seront séduits. Les gens diront : «N'a t-il donc pas parlé de telle et telle façon ? Et n'avons-nous pas examiné ces choses à partir de la Parole ? Il est donc un ministre de la justice. En ce qui concerne ce qu'il a dit, nous ne le trouvons pas dans la Parole, mais cela doit être vrai, car les autres choses qu'il a dites sont vraies.»

«Ne soyez pas séduits. Car le séducteur cherchera d'abord à gagner la faveur de beaucoup de cœurs, et à ce moment-là mettra en avant ses doctrines insidieuses. Vous ne pouvez pas discerner ceux qui sont de Moi et ceux qui ne sont pas de Moi lorsqu'ils commencent à prêcher. Mais recherchez-Moi constamment, et alors lorsque ces doctrines se présentent, votre cœur vous rendra témoignage que celles-ci ne viennent pas de Moi. Ne craignez pas, car Je vous ai avertis. Beaucoup seront séduits. Mais si vous marchez dans la sainteté et la droiture devant le Seigneur, vos yeux s'ouvriront et le Seigneur vous protégera. Si vous vous attachez constamment à regarder au Seigneur, vous saurez quand les doctrines changent et vous en serez gardés. Si votre cœur est droit, Je vous préserverai; et si vous regardez constamment à Moi, Je vous soutiendrai.

«Le ministre de la justice aura la caractéristique suivante: sa vie sera en accord avec la Parole et ses lèvres publieront ce qui est totalement vrai, et il n'y aura pas de mélange. Lorsque le mélange apparaît, alors vous connaîtrez qu'il n'est pas un ministre de la justice. Les séducteurs disent d'abord la vérité, puis l'erreur, pour couvrir leurs propres péchés qu'ils aiment. Par conséquent, Je vous exhorte et vous donne ce commandement : «Etudiez les Ecritures concernant les esprits séducteurs, car c'est ici l'un des plus grands dangers de ces derniers jours.»

«Je désire que vous soyez fermement établis dans Ma Parole et non dans les personnalités des hommes afin que vous ne soyez pas ébranlés comme tant seront ébranlés. Prenez garde à vous-mêmes et ne suivez pas les esprits séducteurs qui sont déjà en train de se manifester. Venez à Ma recherche diligemment lorsque vous entendez quelque chose que vous n'avez pas vu dans Ma Parole, et ne tenez pas des personnes aimées des gens en admiration – car c'est par cette méthode-même que Satan va détruire beaucoup d'âmes parmi Mon peuple.»

Source: ANZAC

IX QUELQUES TEMOIGNAGES ET MANIFESTATIONS DANS LES REVEILS

1792-1875

Il arrivait même fréquemment que des passants, dont la plupart n'étaient nullement intéressés par

Dieu, **s'écroulent** sous l'effet de cette puissance et confessent leurs péchés.

Ses auditeurs tombaient sous l'effet de la puissance de Dieu, pleurant et demandant miséricorde.

Finney raconte au sujet d'un de ses messages:

«Après avoir parlé ainsi pendant environ un quart d'heure, les auditeurs parurent enveloppés d'une solennité formidable et **ils tombèrent sur le sol en criant miséricorde**. Si j'avais eu une épée dans chaque main, je n'aurais pas pu les abattre plus vite qu'ils ne tombaient. En effet, deux minutes après avoir senti l'impact du Saint-Esprit les atteindre, presque tous les assistants étaient à genoux ou prosternés sur le sol. Tous ceux qui pouvaient encore parler priaient pour eux mêmes.»

Ce ne fut pas seulement en Amérique du Nord que Finney vit le Saint-Esprit tomber sur les croyants et **les jeter à terre.** En Angleterre, au cours des neuf mois qu'il y passa à évangéliser, de grandes multitudes-un jour plus de deux mille à la fois-se prosternèrent pendant qu'il prêchait.

Finney était revêtu d'une telle onction que sa seule présence amenait **une nuée de gloire** sur tout le quartier où il venait prêcher. La gloire de Dieu était perceptible aussi bien à l'intérieur qu'à l'extérieur des lieux de réunion. Il arrivait même fréquemment que des passants, dont la plupart n'étaient nullement intéressés par Dieu, **s'écroulent** sous l'effet de cette puissance et confessent leurs péchés.

Finney écrit: «Cette puissance est un véritable prodige. J'ai souvent vu des personnes incapables de supporter la Parole. Les déclarations les plus simples et les plus banales frappaient les hommes comme une épée, **les rendaient parfois presqu'inanimés, tels des morts.**»

Dans une ville où il avait organisé une grande mission de réveil, Finney fut invité à déjeuner par la femme d'un des plus grand médecin de la ville. Cette femme était chrétienne mais son mari, incroyant; aussi elle pensait que Finney pourrait communiquer quelque aide en faveur de son mari. Le frère du médecin était quant à lui cultivateur et très pieux; il vivait dans la même maison. Il avait assisté à la mission et se trouva à table avec eux. Finney fut invité à rendre grâce à Dieu avant de commencer le repas; cependant, il sentit en son cœur que ce devait plutôt être au frère du médecin de le faire.

Aussi, à peine le frère commença-t-il, qu'**il se tint l'estomac et se mit à gémir.** Il sortit précipitamment de table et se dirigea dans sa chambre. Le docteur, croyant son frère malade se précipita à sa suite suivit bientôt de Finney. **Le docteur** s'apprêtait à chercher sa sacoche car il **pensait**

que son frère souffrait de crampes d'estomac. Finney lui expliqua que son frère n'avait rien de grave mais que **l'esprit d'intercession l'avait revêtu,** qu'**il connaissait les douleurs de l'enfantement** et qu'il priait pour l'âme perdue de son frère. Le docteur incrédule, déclarant qu'il n'y croyait pas, sortit de la chambre. Alors, **Finney** s'agenouilla près du frère. Il **se mit alors à gémir lui aussi.** Le frère du médecin et Finney continuèrent de pleurer et de gémir ainsi pendant trois quarts d'heure. **Ensuite, ils se mirent à rire** et se réjouirent pendant un moment.

Puis, Finney sortit de la pièce et alla frapper à la porte du bureau du médecin. Il lui dit qu'il voulait lui parler de la part de son frère. Quand le médecin demanda des nouvelles de son frère, Finney lui répondit qu'il était en train de prier pour son âme perdue. C'est alors que le médecin tomba à genoux et fut glorieusement sauvé.

WILLIAM BOOTH

1829-1912

Terrassés par un pouvoir divin, **des hommes, des femmes tombaient et demeuraient sur le plancher, prostrés et comme morts** William Booth est le fondateur de l'armée du salut. Le livre, «William Booth et le monde ouvrier,» fait état de manifestations semblables:

«Terrassés par un pouvoir divin, **des hommes, des femmes tombaient et demeuraient sur le plancher, prostrés et comme morts. D'autres riaient, du rire de la foi, criaient de bonheur.** Et quelques-uns des plus jeunes évangélistes, en une jubilation formidable, se prenaient à bras le corps, comme des garçons en train de jouer, et **roulaient même sur le plancher.**»

Un salutiste raconte d'un Dimanche: «des saints sautaient, dansaient, invoquaient le Seigneur, criaient et roulaient sur le sol, quels moments bénis!»

Dans son journal Bramwell Booth raconte: La puissance du Saint-Esprit fondit sur Robinson et le **terrassa.** Il **perdit à peu près connaissance à deux reprises.** «Le frère des Blandy, entrant dans une pleine liberté, **poussa des cris, pleura, battit des mains, dansa,** au milieu d'une scène du plus glorieux et céleste enthousiasme. D'autres **gisaient prostrés** sur le plancher, et quelques-uns de ceux-là **gémissaient...** Ce fut une nuit bénie.»

LES PRÉDICATEURS PIONNIERS DE L'OUEST AMÉRICAIN

1850-1900

Je vis en une seule fois plus de cinq cents personnes tomber à terre, comme si la décharge d'une batterie formidable les eût tout à coup renversées.

Un témoin écrit:

«Curieux de voir les choses merveilleuses que l'on racontait, je me résolu à partir... A la suite des détails que nous avaient donnés nos hôtes, j'étais loin d'être rassuré... Une multitude immense qui pouvait bien s'élever à vingt-cinq mille personnes, était là réunie... Je comptai sept ministres prêchant à la fois. Ici on chantait, là on priait, ailleurs des personnes criaient à Dieu pour obtenir grâce, tandis que d'autres exprimaient leur reconnaissance avec une énergie peu commune. Je vis **en une seule fois plus de cinq cents personnes tomber à terre, comme si la décharge d'une batterie formidable les eût tout à coup renversées.**»

«Un médecin vint par curiosité et se promettait d'étudier scientifiquement le phénomène dont on lui avait parlé. Il était accompagné d'une dame. Celle-ci ne tarda pas, sous l'emprise d'une conviction de péché puissante, à tomber dans la poussière devant Dieu. Lui-même tomba à terre sous l'emprise de la même main invisible qui avait terrassé sa compagne. Cet **état de prostration** dura quelque temps; lorsqu'ils en sortirent, ils trouvèrent l'un et l'autre la paix et le pardon aux pieds du Sauveur. Ils vécurent et moururent en vrais chrétiens. Des milliers de personnes furent affectées d'une manière semblable.»

2011/03/27 07:58

ANDREW MURRAY

1900

Des **manifestations insolites** au cours du réveil religieux

David Dupplessis raconte l'expérience d'Andrew Murray en présence des **manifestations insolites** au cours du réveil religieux d'Afrique du Sud:

«Quand il vit et entendit les pécheurs pleurer, les malades guéris **éclater de rire** et ceux qui étaient remplis du Saint-Esprit prier en langues et chanter, il s'en alla dégoûté de toute cette **cacophonie**.

Elevé dans l'église protestante hollandaise, jamais il ne pourrait admettre que le Saint-Esprit puisse animer de telles manifestations. Il prit le train et retourna sur son champ de mission. Il passait et repassait dans son esprit tout ce qu'il avait vécu et faisait le point. De tout cela, pouvait-il en toute honnêteté en retirer quelque chose de bon?»

«Il se rendit compte alors que jamais de sa vie il n'avait encore rencontré des gens qui fussent remplis d'amour pour Jésus, et qui fussent plus et plus zélés pour tout ce qui concerne le Christ vivant, dont la présence était tellement tangible au cours de ces réunions. Il ne s'était jamais trouvé dans une église où le Christ fût plus magnifié, plus glorifié et adoré... De mauvais esprits auraient été incapables d'inspirer cela. Par conséquent ce devait bien être en définitive l'œuvre du Saint-Esprit... A la première station, il descendit de train et pris un billet pour y retourner. Tant pis pour le bruit! Et plus jamais il ne les quitta! Il devint président du mouvement connu sous le nom de Mission apostolique d'Afrique du Sud. Sous sa direction, le mouvement ne cessa de prospérer, au point d'être aujourd'hui une des Sociétés missionnaires les plus solides de toute l'Afrique du Sud.»

AZUZA STREET NAISSANCE DU MOUVEMENT DE PENTECÔTE.

1901

Dès le lendemain matin, il était impossible de s'approcher de la maison. Dès que les gens y pénétrèrent, **ils tombèrent sous la Puissance...**

Aussi curieux que cela puisse paraître, tous les réveils n'ont pas les mêmes manifestations tant physiques que spirituelles.

Le réveil de Azuza Street, naissance du mouvement de Pentecôte, ne fut pas tellement en faveur de la conversion des pécheurs, mais il fut plutôt la Pentecôte venant sur l'église de Jésus-Christ. Les gens, comme dans les Actes parlaient en langues.

Le signe principal était le «Parler en langues» suivit de près par la guérison divine.

Comparez avec le réveil de Finney, qui lui, ne parle ni de «Pentecôte,» ni de guérison divine. Le réveil de Finney, à l'opposé de celui d'Azuza street, fut un réveil de salut pour les «païens.»

D'autres réveils furent des réveils de repentance et de confession de l'Eglise.

A Los Angeles, dans une communauté baptiste noire, une certaine sœur Julia W. Hutchins s'était mise à prêcher le renouveau. C'est elle qui fit appel à William Seymour pour l'aider dans sa tâche.

L'église se trouvait alors dans une boutique de l'avenue Santa Fe.

Puis Seymour se sépara le la sœur Hutchins et tint des réunions à l'avenue Bonnie Brae. Plusieurs commencèrent à louer Dieu dans des **langues inconnues.** Les gens venaient en foule, les uns pour recevoir, d'autres pour se moquer, d'autres enfin par curiosité. C'est parce que la foule ne tenait plus à cet endroit qu'un nouveau local fut utilisé à partir du 18 avril 1906: celui du 312 Azuza Street qui venait de servir d'écurie!

Dans ce réveil de Azuza Street donc, des gens de toutes les églises, de toutes les dénominations, toutes nations venaient à Los Angeles pour voir ce que Dieu y faisait.

On y entendait outre les chants, **des cris joyeux, des sanglots, des larmes, des prières d'intercessions. Les gens dansent sautent et prient dans des langues inconnues.**

Un des grands miracles du lieu fut le caractère interracial de cette communauté.

Pendant ce réveil, Dieu mettait son onction sur Ses filles pour qu'elles prêchent l'évangile et elles prêchaient avec les signes accompagnant la prédication.

Des **femmes blanches** comme Lucy Farrow **ou noires**, tenaient des rôles de **prédicateurs** et de guérisseurs.

Les hommes qui autrefois s'y seraient encore opposés, virent leurs sœurs d'un autre œil. Ils ne les voyaient plus comme des femmes qui, à cause de leur sexe, devaient être interdites de prêcher, mais comme des vases remplis par le Saint-Esprit...

Un jour, après le culte, le Frère Lee, membre de la mission Péniel invita le Frère William Seymour à déjeuner chez lui... Un soir en rentrant de son travail, il dit au Frère Seymour, «Si vous m'imposez les mains, je recevrai le Baptême (de l'Esprit)»... Ce soir-là le Frère Seymour lui dit: «Frère, je t'impose les mains au nom de Jésus,» et lorsqu'il le toucha, le Frère Lee **tomba comme mort sous la puissance**, et son épouse eut tellement peur qu'elle s'écria, «Qu'avez-vous fait à mon mari?».

Quelques minutes plus tard il se leva… Le Frère Lee avait été touché par le Ciel et il continua jour et nuit à chercher le Seigneur.

Ils se rendirent à la réunion de prière, ils prièrent trois jours et trois nuits. Les gens venaient de partout. Dès le lendemain matin, il était impossible de s'approcher de la maison. Dès que les gens y pénétrèrent, **ils tombèrent sous la Puissance…**

Beaucoup de choses étranges se passaient et les journalistes parlèrent de: «scènes sauvages,» «d'étrange baragouinage,» de «saints rouleurs»

La pluie de bénédictions tombées sur Azuza steet se propageait.

Au Tabernacle de la Bible de Simpson, à New York, Harold Moss vit celle qui devait devenir sa femme se mettre **à flotter à deux mètres de hauteur.** Il raconte lui-même:

«Les **gens gisaient partout**, abattus sous la puissante main de Dieu. Les ministres jonchaient l'estrade. Les cas d'une jeune fille, Mlle Grace Hammore (qui est, depuis, devenue ma femme), fut assez remarquable. Elle fut sous l'emprise de l'Esprit et rendue totalement inconsciente de toute réalité naturelle. Un doux chant sacré se fit entendre. C'était comme un chant d'un rossignol, qui emplissait totalement l'édifice. **Le pouvoir de Dieu prit physiquement possession d'elle. Son corps fut soulevé du sol par trois fois.** Quand elle fut revenue à elle, elle affirma qu'elle avait eu la **vision d'une échelle d'or** sur laquelle elle avait commencé à monter.»

La gloire de Dieu remplissait souvent des lieux de réunions très modestes: **des halos lumineux célestes, des longues raies lumineuses, des sphères lumineuses énormes apparaissaient.**

Une femme qui n'avait aucune formation musicale, fut saisie par l'Esprit et courut à l'orgue sur lequel elle joua une merveilleuse musique.

Un converti dit: c'est l'endroit où l'on entend le rire de l'univers! Lorsque l'Esprit entra en lui il dit:

«Tout mon corps riait d'une joie ineffable»

Un jour, dans le midwest, pendant un sermon, le «poids de la gloire» était si lourd que les gens durent s'allonger sur le sol. Le prédicateur ne put tenir non plus et dut se mettre la face contre terre. Comme il n'avait pas d'argent pour aller à la ville suivante, un billet de train lui apparut, venant de nulle part.

Les signes qui se sont produits à la rue Azuza et se sont répandus dans l'ensemble du mouvement vont bien au- delà des langues.

Les gens **bondissaient, dansaient, sautaient, riaient dans l'Esprit, tombaient en transes, se contorsionnaient, tombaient en extases, avaient des visions et des rêves et vivaient des guérisons...**

EVAN ROBERTS ET LES FRÈRES WILLIAMS

1903-1906

Pendant un moment, Daniel semble avoir perdu connaissance. Puis il revient à lui. Une paix infinie l'inonde. Il reste là, allongé par terre, sans se préoccuper de son entourage...

Leurs ministères se situent au cours du réveil du Pays de Galles 1903-1906.

Le jour de Noël, Daniel Williams... se rend à l'église de Morija pour y rencontrer Evan Roberts.

«Que de monde dans l'église, et combien la présence de Dieu s'y manifeste!»

L'après-midi, dans le vestiaire de Pisga, une autre chapelle du village, Daniel prie. A son côté, William John Evans prie lui aussi avec ferveur: «Oh! Seigneur, abaisse Daniel!» L'exaucement ne se fait pas attendre. Dès que cet homme de Dieu lui impose les mains, Daniel se sent envahi par l'angoisse. Il transpire de la tête aux pieds. Dans l'**agonie**, en pleurant, il s'écrie: «Il n'y a pas d'espoir pour moi! Je suis un trop grand pécheur!» Cette expérience extrêmement douloureuse est de courte durée.

Pendant un moment, Daniel **semble avoir perdu connaissance**. Puis il revient à lui. **Une paix infinie l'inonde. Il reste là, allongé par terre, sans se préoccuper de son entourage...**

Le réveil déborda dans la rue et se dirigea vers d'autres villes, même jusque dans les mines de charbon où des hommes endurcis et blasphémateurs furent convaincu par le Saint-Esprit: laissant de côté pioches et pelles, ils tombèrent à genoux, implorant pour eux la miséricorde de Dieu.

Des jeunes abandonnèrent les stades pour gagner des âmes. Les bars se vidèrent, parce que les anciens buveurs étaient occupés à louer Dieu. **Des pêcheurs tombèrent là où ils se trouvèrent sous une puissante conviction de péché.**

A Loughor 1904: presque tous étaient au bord des larmes et beaucoup poussaient **des cris d'angoisse.**

A Carnarvon sous l'influence du Saint-Esprit de solides gaillards devenaient soudain très pâles et de mettaient à **trembler.**

Le facteur temps ne comptait pas. L'horloge ne servait plus à rien. La réunion du soir commençait à 19 heures, et pouvait aller jusqu'à trois heures du matin.

Les commerces de jeu et d'alcool faisaient faillite, et les théâtres durent fermer par manque de spectateurs.

X RÉVEIL DE CHINE DR J. GOFORTH

1906

«Il y eut naturellement les manifestations extérieures qui accompagnent inévitablement des effusions aussi phénoménales de puissance spirituelle.»

Ce fut un réveil durant lequel se produisirent des milliers de confessions.

Des **sanglots, des cris, des pleurs, des larmes** reflètent l'œuvre extraordinaire du Saint-Esprit.

Goforth écrit: **«Il y eut naturellement les manifestations extérieures qui accompagnent inévitablement des effusions aussi phénoménales de puissance spirituelle.»**

Les fruits furent ces confessions suivies de repentance et de véritables conversions.

Qui pourra dire: le Saint-Esprit aurait pu induire ces convictions de péché sans cela.

Qui pourra donner leçon à l'Esprit Saint?

VISITATION DE L'ESPRIT EN ÉCOSSE

1908

Des manifestations à caractère surnaturel ou profondément émotionnel.

Une soirée mémorable, le 1° février 1908, le «feu tomba» et environ trente à quarante personnes furent **prostrées** sous la puissance de Dieu.

Donald Gee écrit que le «Baptême du Saint-Esprit» était accompagné du parler en langues et d'**autres manifestations à caractère surnaturel ou profondément émotionnel.**

MARIA WOODWORTH ETTER

1885-1915

«Dimanche, **une vingtaine de personnes furent, comme Saul de Tarse, jetées à terre par une puissance irrésistible**; elles restèrent étendues pendant plusieurs heures; elles eurent **des visions du ciel et de Jésus** et toutes se relevèrent avec des visages rayonnants et le cœur débordant de l'amour de Dieu.»

L'évangéliste Maria Woodworth-Etter raconte: «Nous avons pu nous rendre à Wilshire dans l'Ohio, dans une église méthodiste qui avait perdu sa puissance... Une quinzaine de personnes s'avancèrent à l'estrade pour implorer la miséricorde de Dieu; **des hommes et des femmes tombaient comme morts**: je n'avais jamais rien vu de pareil et ne savais comment me l'expliquer à moi-même... Tous ceux qui étaient étendus comme morts dans la salle se relevèrent après deux heures environ, le **visage rayonnant**, poussant des **cris de joie.** Ces manifestations étaient chaque fois suivies d'un grand nombre de conversions.»

«En février 1885 je commençai des réunions à Summitville dans l'Indiana... Après la prédication il y eut un élan vers l'estrade qui fut bientôt remplie. Les plus grands contestataires furent les premiers à venir; **d'autres qui résistaient tombèrent comme frappés de mort dans différentes parties de la salle**. L'intérêt ne fit que s'accroître pendant toute la semaine. On du enlever les sièges pour faire de la place; la salle entière était devenue un banc de la repentance...»

Quelques individus vinrent pour nous déranger... Dieu me désigna leur chef. D'une voix forte je lui enjoignis de venir à Christ: la crainte de Dieu le saisit, il devint tout pâle comme un mort et voulut s'avancer vers l'estrade; à mi-chemin, **il tomba sous la puissance de Dieu et y resta environ seize heures.** Ceux qui l'accompagnaient se rendirent compte que c'est une chose terrible de combattre l'Eternel; ils se jetèrent à genoux, implorant sa miséricorde. Lorsque cet homme revint à lui, il avait des choses merveilleuses à dire et se mit à prêcher l'évangile.

A Kokomo des personnes de toutes conditions et dénominations furent saisies. Elles eurent des **visions du ciel et de l'enfer**; à leurs récits la crainte de Dieu descendit dans les cœurs et en amena beaucoup à la conviction de péché et au salut.

A Saint-Louis en avril 1890 la foule eut conscience de la présence invisible et redoutable de Dieu... des gens **tombèrent à terre comme morts**. Sur beaucoup de visages les larmes coulaient. Les aveugles chantaient de joie, les boiteux jetaient leurs béquilles, **sautaient** et se réjouissaient: «Oh! Je suis guéri» entendait-on de toutes parts.

En 1903, dans la ville de Moline, la foule d'aveugles, de boiteux, de sourds, de muets, de paralytiques.... l'un après l'autre, ils trouvaient la guérison et parfois, au bout d'une heure, ils étaient tous debout, dans **l'exubérance et la joie.** Les spectateurs voyaient les goitres et les cancers disparaître sous leurs yeux, les enfants qui n'avaient jamais marché, marchaient, les sourds entendaient et les muets parlaient.

En 1912 à Dallas: «Dimanche, **une vingtaine de personnes furent, comme Saul de Tarse, jetées à terre par une puissance irrésistible**; elles restèrent étendues pendant plusieurs heures; elles eurent **des visions du ciel et de Jésus** et toutes se relevèrent avec des visages rayonnants et le cœur débordant de l'amour de Dieu. Cette puissance fut à l'œuvre pendant toute la semaine. Les pécheurs étaient atteints et terrassés tant auprès qu'au loin. Des centaines d'âmes ont été remplies du Saint- Esprit comme lors de la Pentecôte.»

La convention de Long Hill 1913 fit parler d'elle par **le chant du chœur céleste**. Un témoin raconte: «Il est inutile, frères, de me dire que j'ai été trompé par l'ennemi ou que j'ai été trompé. Si les contradicteurs pouvaient entendre, ne fût-ce que quelques minutes, le chœur céleste chanté par ces précieux saints de Dieu sous l'influence du Saint-Esprit, ils seraient convaincus... Parfois ces notes s'élevaient à des hauteurs mélodieuses qui semblaient se perdre dans l'infini ou descendre dans les profondeurs de l'orgue le plus sonore? Ce n'était pas un chant à quatre parties mais une harmonie parfaite composée de tons innombrables s'unissant, s'entremêlants dans une maestria céleste indescriptiblement puissante et suave à la fois. Ce chant glorieux se produisait une, deux et même trois fois par jour... Ce chœur est certainement ce que saint Paul entendait par le chant de l'Esprit et les soupirs qui ne se peuvent exprimer.»

A Long Hill, d'innombrables guérisons ont été opérées par l'irrésistible puissance de la présence spirituelle du Sauveur. S'ajoute l'accomplissement intégral de cette prophétie: «Vous sortirez et bondirez comme les veaux d'une étable.» Il en est ainsi pour ceux qui se donnent à Jésus corps et âme. Sa vie de résurrection s'empare d'eux, les rayons bienfaisants du Soleil Levant les atteignent, **ils sautent et se réjouissent dans l'adoration**, la reconnaissance et la louange à cause de la plénitude de vie qui se répand dans leurs veines et dans leur être tout entier.

Les moqueurs et les médisants étaient frappés... Un homme se moquait d'une femme qui, sous l'onction de l'Esprit prêchait avec de grands gestes. Il fut **frappé de mutisme** dans cette attitude de moquerie. Il devint tout rigide avec ses mains levées, sa bouche ouverte avec son air moqueur et resta immobilisé dans cette position pendant cinq heures. La crainte de Dieu saisissait tout le monde.

La police dit qu'il se produisit de tels changements qu'ils n'avaient rien à faire, il n'y avait personne à arrêter, la puissance de Dieu semblait protéger la ville, un Esprit d'Amour reposait sur elle.

Le Saint-Esprit saisit un serviteur de Dieu qui se mit à parler plusieurs langues, à danser et à chanter dans l'Esprit. Il se mit ensuite à **«parler» le langage des sourds-muets par signes.** Une femme sourde muette vint se jeter au pied de l'estrade, fut sauvée, parla et entendit.

Plusieurs **jouaient sur des instruments invisibles** avec une apparente dextérité de musicien. (Voir aussi réveil d'Adulam en Chine).

Ce ne sont que des extraits de tout ce que Dieu a fait au travers de ce ministère par la manifestation du Saint-Esprit

XI SMITH WIGGLESWORTH

1859-1947

A trois reprises, pendant la réunion, **je fus jeté à terre par la puissante main de Dieu**.

-En Suède et au Danemark: «Au fur et à mesure que les gens s'avançaient, il était bouleversant d'observer leurs réactions lorsque la puissance de Dieu agissait dans leur corps. Certains levaient les mains et criaient: «Je suis guéri, je suis guéri!». D'autres **tombaient à terre**, submergés par la puissance de Dieu, et il fallait les aider à se relever.»

-Au cours de la réunion, une femme s'est soudain mise à **crier et à rire**. Le prédicateur lui demanda de se calmer, mais au lieu de s'exécuter, elle monta sur une chaise, fit de grands signes avec ses bras et déclara: «je suis guérie! j'avais un cancer dans la bouche... Le Seigneur m'a **sauvé et guéri** de mon cancer de la bouche.»

-Un jour, il sembla extrêmement sévère sans raison envers une femme; elle tomba sur le sol, et il ordonna «Relevez-vous». Elle tomba de nouveau, et les personnes qui l'entouraient lui firent des reproches, mais il répondit qu'il savait ce qu'il faisait, et que c'était à un démon qu'il avait à faire. Elle fut donc relevée encore une fois; et c'est alors qu'une énorme tumeur cancéreuse tomba d'elle sur le sol. Ce fut la réponse...

-Je cherchais le Seigneur de tout mon cœur. Un dimanche matin, je me rendis à la réunion de prière de l'Armée du Salut à sept heures. A trois reprises, pendant la réunion, **je fus jeté à terre par la puissante main de Dieu.** Quelque peu honteux de ces démonstrations, pensant que l'on ne me comprendrait pas, je tentai de me contrôler, et je me relevai, puis me mis à genoux pour prier...

-Nous passions des nuits entières en prière. L'Esprit-Saint soufflait alors avec une puissance telle que beaucoup de gens **tombaient à genoux, parfois pendant vingt-quatre heures d'affilée.**

-Je dis au malade: «Dieu m'a révélé que lorsque je vous imposerai les mains, la maison sera remplie du Saint-Esprit, le lit tremblera, vous serez secoué et **jeté hors du lit par la puissance du Saint-Esprit...**»

Je lui imposai les mains au nom de Jésus et à l'instant la puissance de Dieu descendit et remplit la maison. Je me sentis sans force et tombai à plat par terre. Après un moment, la maison trembla... Il s'habilla et s'écria: «Dieu m'a guéri». Le père tomba également. Dieu manifesta sa gloire ce jour là en sauvant toute la famille et en guérissant le jeune homme. Ce jeune homme prêche maintenant l'évangile.

RÉVEIL AU GABON

1935

Ils étaient comme **ivres.**

Il fut comme **foudroyé et précipité à terre**

M. Thomas-Brès dans la préface du livre «Réveil au Gabon» écrit: «Nous sommes heureux de recommander chaudement la lecture de ces pages... Des chrétiens de longue date, endormis, rétrogrades, ont vu leurs péchés. Ils se sont humiliés, ont confessé leurs fautes, leurs interdits... Nous avons dans ces pages, des exemples qui nous remplissent de confusion.»

G. Vernaud rapporte donc:

«Voici le témoignage écrit d'un homme de trente cinq ans, noir cultivé que le Seigneur **terrassa**:»...

J'étais en prière avec ma femme et quelques amis. Tout à coup, **je tombais à terre en pleurant amèrement** sur mes péchés et j'entendis une voix qui me dit: «Tu ne pécheras plus!... J'entendis plusieurs fois cette voix pendant l'espace d'une heure.»

«Quelques-uns virent **une lumière éclatante et éblouissante** et tous tombèrent prosternés à terre. Il y eut alors une confession presque générale.»

«Pendant la nuit, une femme fut réveillée, sa chambre était comme miraculeusement éclairée d'une **lumière éblouissante** et elle fut baptisée du Saint-Esprit...»

«Un jeune homme se convertit un dimanche 10 novembre 1935 à la suite d'une prédication. Il était moniteur primaire indigène. La soif entre dans son cœur. En janvier 1936 il m'accompagne dans un voyage. Là, dans une annexe, à cinq heures du matin tandis qu'il priait en compagnie de deux ou trois de ses camarades et de l'évangéliste de l'annexe, **il fut comme foudroyé et précipité à terre** (sans qu'il s'en soit ressenti dans la suite). La puissance de Dieu était telle qu'il ne put plus la supporter. Il dit:» j'étais comme une pirogue au bord d'une mer agitée par le vent, toutes les vagues viennent se précipiter sur elle et la pirogue est digne d'être cassée. Ces vagues passaient et passaient l'une après l'autre tellement que je m'écriai: «Je mourrai si ces vagues continuent à passer sur moi. Après cela je fus rempli d'une joie insondable...» Deux de ses camarades furent aussi baptisés du Saint-Esprit en même temps que lui. Quand ils se relevèrent deux heures après environ, **ils étaient comme ivres.**

Au sujet d'un jeune Boulou: «Le Saint-Esprit descendit sur lui en un puissant baptême, cela dura des heures et des heures pendant lesquelles **une huile d'allégresse** fut déversée sur lui.»

Le don de discernement des esprits fût aussi remarqué chez plusieurs qui eurent **des visions merveilleuses du Seigneur en personne ou d'anges.** Un matin, vers neuf heures, un instituteur indigène était en train de corriger des cahiers d'école. Tout à coup, il lève la tête et il aperçoit par la fenêtre de sa case **un homme lumineux et éblouissant** qui passe. Il veut sortir pour le voir mais il a disparu et **une joie immense envahit tout son être.**

«Une femme eut **des visions merveilleuses du ciel** avant sa mort et elle exhorta son mari et tous les chrétiens réveillés à rester fidèle au message du réveil.»

G. Vernaud écrit encore: «Dieu conduit Ses enfants par le moyen de ses dons merveilleux et qui exigent de nous une complète dépendance de Lui qui sera toujours incomprise des gens du monde et des chrétiens charnels.»

Au culte du dimanche matin une femme boulou chrétienne est venue avec son amant. Au moment de l'appel, elle voulut se lever et venir confesser son péché, mais son amant l'en empêcha et ils quittèrent l'église. Arrivés à Batavia, **l'homme fut précipité à terre et devint muet.** Il resta ainsi jusqu'au lundi sans pouvoir parler ni manger, et **son corps était sans force**... il confessa son péché devant un grand nombre de gens accourus.

GRAND RÉVEIL DES NOUVELLES HÉBRIDES

1949

«Ceux qui aspirent au réveil doivent s'attendre à ce que Dieu agisse selon Son programme, et non pas selon le leur.»

La chose la plus remarquable fut la présence extraordinaire de Dieu. Sa sainte présence était partout.

«Dieu commença d'agir, les cieux s'entrouvraient; nous étions là devant Lui, la face contre terre. Trois heures du matin sonnèrent et Dieu entra majestueusement. Une douzaine d'hommes et de femmes complètement **prostrés par terre demeurèrent sans voix...** Dans la matinée, l'église était bondée.

Un grand nombre de bus arrivèrent des quatre coins de l'île et il était impossible de savoir qui leur avait dit de venir.» (Voir réveil chez les Zoulous).

Dans l'église tout entière des hommes et des femmes demandaient grâce. Certains **défaillaient**, beaucoup pleuraient.

Duncan Campbell écrivit: «Ceux qui aspirent au réveil doivent s'attendre à ce que Dieu agisse selon Son programme, et non pas selon le leur.»

DEMOS SHAKARIAN

1950

La joie du Seigneur incitait toute l'assemblée à **danser dans l'Esprit.**

La **présence d'une importante troupe d'anges**

Il est le fondateur et président de la Communauté Internationale des Hommes d'Affaires du Plein Evangile. (Années 1950).

Demos Shakarian raconte que les anciens Russes qui vivaient l'Esprit pouvaient littéralement sentir sa présence descendre. Quand cela se produisait ils levaient les bras et **dansaient de joie.**

Plus tard, à Los Angeles, les pentecôtistes arméniens se réunissaient pour louer Dieu et la joie du Seigneur incitait tout l'assemblée à **danser dans l'Esprit.**

Shakarian raconte encore: «Tandis que j'étais assis avec les autres garçons, **je sentis comme une lourde couverture de laine qui se posait autour de mes épaules.** Saisi, je regardai autour de moi, mais personne ne m'avait touche. J'essayai de bouger les bras mais ils se heurtèrent à une résistance comme si je les avais remués dans l'eau...» Il se mit à parler en langues... Il poursuit: «Même plusieurs heures après, en rentrant à la maison, dans l'auto, si quelqu'un me parlait, il n'obtenait de réponse qu'en langues... Je m'enfermai dans ma chambre, le manteau invisible qui était resté sur mes épaules

était devenu extraordinairement lourd, sans que ce soit déplaisant pour autant. **Je glissai à terre et restai étendu de tout mon long sur le tapis, complètement réduit à l'impuissance.»**

Plus tard, racontant une expérience de guérison avec Charles Price, il écrit: «un changement extraordinaire s'était opéré dans l'atmosphère de la chambre; elle semblait plus peuplée en quelque sorte; **l'air qu'on y respirait semblait s'épaissir,** un peu comme si nous étions dans l'eau.»

Deux femmes de trente à trente cinq ans avaient accompagné Charles Price.

-Je les connais bien dit Price. Elles ont cette faculté rare et merveilleuse d'être à même de percevoir la présence de l'hôte angélique invisible, dont la Bible nous dit qu'il visite parfois la terre.

Dès qu'elles furent entrées dans notre maison, ajouta-t-il, ces deux femmes, Dorothy Doane et Allene

Brumbach, avaient eu conscience de la **présence d'une importante troupe d'anges,** en bien plus grand nombre qu'elles n'en avaient jamais rencontré dans un même lieu. Elles disent que l'air en est comme saturé.

Avec l'évangéliste Kelso Glover, Shakarian raconte: Le programme prévu pour la réunion du soir fut abandonné tandis que L'Esprit prenait la réunion en charge. Glover dit que la direction de la réunion lui échappe complètement.

-C'est comme de l'eau me dit-il. **La puissance coule sur cette moquette comme de l'eau. Quand je descends là, c'est comme si je marchais en ayant de l'eau jusqu'aux genoux.** Des gens qui descendaient l'allée pour venir devant l'estrade furent guéris dans les allées même. L'incroyable réunion ne prit pas fin avant minuit. Elle avait duré onze heures et demi.

KATHRYN KULHMAN

1907-1976

Elle se tourna vers les autres prêtres en disant: «A vous.» Chacun d'eux fit l'expérience de tomber sous la visitation.

A quatorze ans, au cours d'une réunion de réveil, elle fut saisie par le Saint-Esprit et se mit à sangloter et à trembler, avant de s'affaisser entre deux bancs, profondément convaincue de péché.

Plus tard, exerçant son ministère, dès l'instant où elle disait «Père...,» des salles immenses se mettaient à vibrer de la présence et de la puissance de Dieu. Certains s'affaissaient, des centaines de personnes étaient guéries de graves affections et le salut se répandait comme une vague.

Un capitaine de police de Houston raconte: «Quoique ce fût le moment que j'avais attendu, j'hésitai.

Ayant lu ses livres, je me souvenais que souvent, lorsqu'elle priait pour les gens, ceux-ci tombaient par terre. J'avais pensé que tomber c'était bon pour quelques pentecôtistes, mais ce n'était pas pour un baptiste, surtout pas pour un capitaine de police... Plaçant mes pieds pour avoir le meilleur appui possible... je l'entendis dire: «Et remplis-le Seigneur béni, de ton Saint-Esprit.»... je l'entendis une deuxième fois: «Et remplis-le de ton Saint-Esprit.» J'aurais dit que quelqu'un avait ses mains sur mes épaules et me poussait par terre. Je ne pouvais plus résister et je m'écroulai. Je tentai de me relever et je l'entendis dire une troisième fois: «Remplis-le de ton Saint-Esprit.» Et j'étais de nouveau par terre. Cette fois, je restai par terre plongé dans ce luxe de bain d'amour de Dieu... Ce capitaine fut guéri d'un cancer.»

Cinq prêtres catholiques et un prélat du pape buvaient ce qui se passait. Miss Kuhlman posa ses mains sur le prélat en disant: «Remplis-le du Saint-Esprit.» il s'écroulât. Elle se tourna vers les autres prêtres en disant: «A vous.» Chacun d'eux fit l'expérience de tomber sous la visitation.

Miss Kuhlman parla à un homme un moment, puis étendit la main vers lui pour prier. -Père Saint… commença-t-elle, et l'homme s'écroula sur le sol. La même chose se produisit avec la personne suivante qui s'était avancée, puis la suivante et ainsi de suite. J'essayai d'analyser la chose logiquement, mais cela défait le calcul. C'était comme si Dieu me disait: «Il y a des choses que tu ne peux comprendre, et la puissance de mon Saint-Esprit est de celle-là.»

Un témoignage: «La réunion était finie. Miss Kuhlman en passant près d'Arlène, se tourna légèrement vers elle avec un geste de prière, Arlène s'écroula instantanément… elle fut guérie.»

Un autre témoignage:… je me sentis en train de tomber. Je ne pouvais m'arrêter. Il me semblait que le ciel s'était ouvert, et que Dieu lui-même avait étendu le bras pour me toucher.

Un autre encore:… Elle posa ses mains sur nous et commença à prier. Je sentis que Don cherchait ma main, puis nous nous sommes retrouvés par terre. Je n'entendais plus rien. Nous n'avions pas de sensation particulière, seulement une merveilleuse chaleur, et une paix qui descendait sur nous…

Un autre guéri du cancer: Miss Kuhlman s'approcha de Clarence et pria pour lui. Quelques instants plus tard, il chancela en arrière et tomba à terre. J'avais vu des gens tomber dans les services de Kathryn Kuhlman, et je m'étais demandé ce qui provoquait ces chutes. Cette fois-ci, je savais que c'était la puissance de Dieu.

Et bien d'autres cas encore…

LE RÉVEIL INDONÉSIEN MEL TARI

1965

L'eau changée en vin pour la Cène.

La marche sur l'eau...

Sont à noter de très nombreuses manifestations telles que:

LE VENT DE L'ESPRIT

«Alors que nous étions en prière le Saint-Esprit est survenu, comme au jour de la Pentecôte. J'ai entendu le mugissement d'un vent à l'intérieur de notre église, comme au début d'une tornade...

Les pasteurs assis sur l'estrade, eux aussi, entendaient le sifflement d'un coup de vent qui approche.»

LES FLAMMES DE FEU

«J'ai alors entendu sonner le tocsin. En face de notre église, se trouvait le poste de police et la cloche à incendie. En Indonésie, il n'y a pas de voitures de pompiers, les gens accourent avec des seaux d'eau pour éteindre le feu.»

«En arrivant à l'église, ils ont bien vu les flammes mais l'église ne brûlait pas. Il ne s'agissait pas d'un feu naturel, c'était le feu de Dieu qu'ils voyaient. Ils en ont tellement été saisis que beaucoup se sont livrés à Jésus-Christ et ont reçu le baptême de l'Esprit Saint.»

XII REPENTANCE ET CONFESSIONS

L'une des caractéristiques du réveil indonésien a été la confession des péchés.

Au fur et à mesure que le Saint-Esprit les saisissait, ils acceptaient Jésus comme leur sauveur. Dans la repentance, ils couraient chez eux chercher leurs fétiches, leurs livres d'astrologie, leurs livres d'interprétation des rêves, leurs ouvrages pornographiques. De tout cela on a fait un grand feu sur la place de l'église.

Nul n'a prêché, mais le Saint-Esprit œuvrait à sa manière. Le Seigneur révélait à plusieurs leurs péchés et leurs défaillances. A mesure qu'ils confessaient ce que Dieu leur avait montré, d'autres cœurs étaient touchés.

VISIONS, SONGES furent très fréquents.

RÉSURRECTION D'UN MORT DEPUIS DEUX JOURS

DIEU PARLE D'UNE VOIX AUDIBLE plusieurs fois pendant ce réveil.

De nombreux malades ont été guéris par le ministère des enfants. Ceux-ci sont accompagnés dans la jungle par des anges protecteurs.

MIRACLES DIVERS SUR LA MATIÈRE

«Il nous est souvent arrivé de nous mettre en route sans imperméable... comme nous ne partons pas pour nous amuser, le Seigneur nous protège de la pluie. Nous la voyons tomber à trois mètres de nous, mais pas une seule goutte ne touche notre corps.»

La MARCHE SUR L'EAU pour traverser une rivière profonde,

LA MULTIPLICATION DES VIVRES Tandis que ma tante déposait l'une des moitiés de la galette dans la première assiette, la moitié qu'elle tenait dans l'autre main redevenait une galette... cris, louanges et pleurs de joie. Multiplication du Thé...

L'EAU CHANGÉE EN VIN pour la Cène.

Dieu donne de la LUMIÈRE POUR DIRIGER: «la lumière que Dieu nous a donné en exaucement à la prière ressemblait à la lumière d'atterrissage d'un avion. Si la lumière tournait à gauche ou à droite, nous la suivions. Si elle allait de l'avant, nous poursuivions notre chemin tout droit. Nous trouvions finalement le village, l'église ou la hutte où Dieu nous appelait à exercer notre ministère.»

DES PIERRES LANCÉES SUR UN PRÉDICATEUR S'ARRÊTENT à 50 cm de lui et tombent à terre comme si elles avaient percuté un mu de pierre. Les païens ont été si étonnés qu'un grand nombre d'entre eux ont cru en Jésus-Christ.

REVEIL CHEZ LES ZOULOUS

1966

Tout à coup il y a eu le bruit d'un grand vent. Ce vent soufflait à travers nous, et l'Esprit de Dieu est descendu.

Erlo Stegen raconte: «Un jour que nous étions tous réunis, tout à coup Dieu a déchiré les cieux et Il est descendu. Tout à coup il y a eu le bruit d'un grand vent. Ce vent soufflait à travers nous, et l'Esprit de Dieu est descendu. Personne n'a eu besoin de dire aux autres que Dieu était présent au milieu de nous. Nous le savions, nous en étions tous conscients, sans dire un mot. Puis l'Esprit de Dieu s'est répandu sur toute la région avoisinante et nous a amené les gens. La première personne qui est venue était une sorcière qui habitait à sept kilomètres. Je lui ai demandé qui lui avait parlé. Personne. Qui lui avait prêché. Personne. Qui l'avait invitée. Personne...» (Voir Grand réveil des nouvelles Hébrides).

Au sujet de délivrances démoniaques, Stegen raconte encore: «Vous savez comment est le visage d'une vieille sorcière... en un instant l'expression du visage de cette femme a été transformée, et elle ressemblait à une sainte qui a vécu dans la présence du Seigneur pendant des années.»

«Il y a bien des cas dont nous ne voulons pas parler parce que les gens ne comprendraient pas, ils diraient que ce sont des contes de fées. Il se passe plus de choses entre le ciel et la terre que nos intelligences humaines peuvent imaginer. Ces choses doivent être vécues pour qu'elles soient comprises.»

RÉVEIL DE ADULLAM EN CHINE

1970

Plusieurs enfants ont joué en Esprit des instruments invisibles (Harpes, trompettes) avec une grande habileté de musicien.

Ce réveil a eut lieu au foyer d'enfants de la Mission de Secours Adullam de Yunnanfu, dans la province de Yunnan, en Chine. La plupart de ces enfants étaient très pauvres, souvent orphelins.

H.A. Baker raconte: Certains enfants, qui ne nous avaient jamais entendus parler de l'effusion actuelle du Saint-Esprit dans le monde, cette «pluie de l'arrière saison,» ont pourtant expérimenté cette réalité au cours de l'effusion répandue sur Adullam.

«Lorsque nous étions tous en train de prier et de louer le Seigneur ensemble, les yeux fermés, certains enfants avaient l'impression qu'ils recevaient des gouttes d'eau sur la tête. (Il y avait un toit entre eux et le ciel). Cette pluie rafraîchissait leur cœur... ces gouttes devenaient de plus en plus nombreuses jusqu'à former une averse. L'averse devint une forte pluie, qui devint elle-même un déluge, qui remplit la pièce, et dont le niveau monta tellement que ces enfants se sentirent submergés par ces flots célestes merveilleux qui communiquaient la vie.»

Six mois après cette effusion et après un «passage dans le désert,» les écluses des cieux s'ouvrirent à nouveau... deux enfants sentirent comme une pluie tomber sur leur tête, les pénétrer et envahir tout leur être.

A différentes occasions, le Saint-Esprit a été vu par différents enfants du foyer Adullam sous la forme d'une langue de feu posée sur la tête de chacun de ceux qui étaient dans la pièce. Beaucoup sentirent le

Saint-Esprit souffler sur eux comme un vent., et inonder leur âme de paix et de puissance.

Souvent les enfants virent le Saint-Esprit sous la forme de sept lampes. A des moments de visitation spéciale du Saint-Esprit, ces sept lampes ardentes furent vues en train de descendre du ciel jusque dans la pièce. A d'autres moments ils virent brûler devant le trône «sept lampes ardentes, qui sont les sept esprits de Dieu» {#Ap 4:5}

La manifestation du Saint-Esprit comme une grande lumière a aussi été très fréquente. Certains enfants, ayant ouvert les yeux, pouvaient à peine discerner les ampoules allumées dans la pièce, à cause de la gloire magnifique de cette lumière céleste, qui semblait remplir la pièce. {#Ac 26:13; Ap 22:5}

Dans l'Esprit, les enfants d'Adullam ont été enlevés dans la cité céleste à de nombreuses reprises.

Non pas dans un songe, mais dans une expérience réelle et vivante. Ils marchaient dans les rues de la Nouvelle Jérusalem d'une manière aussi réelle que lorsqu'ils marchaient dans les rues d'une ville chinoise. Lorsqu'ils étaient dans l'Esprit, les enfants perdaient en général conscience de leur environnement terrestre. Il y avait des anges partout! Des anges qui parlaient, des anges qui chantaient, des anges qui se réjouissaient, des anges qui jouaient sur des harpes et qui soufflaient dans des trompettes, des anges qui dansaient et qui louaient le Roi.

Les enfants qui étaient ainsi enlevés battaient des mains, criaient de joie. Parfois, ils se roulaient à terre en riant de tout leur cœur, ils sautaient et dansaient dans une totale félicité.

Leur visage était transfiguré par cette joie venant des cieux.

«Lorsque nous voyions les enfants qui dansaient dans toute la pièce d'une manière rythmée, les yeux fermés, nous comprenions qu'ils étaient en train de danser en vision avec les anges dans le ciel, et qu'ils suivaient le rythme de la musique céleste. Les enfants chantaient des cantiques qu'ils n'avaient jamais appris. Le fait de voir ces enfants chanter dans ces chœurs célestes angéliques constituait un spectacle inoubliable.»

«Les effusions du Saint-Esprit ont toujours été accompagnées de visions des anges qui étaient au milieu de nous. Beaucoup de nos enfants virent des anges près de la pièce où nous étions, ou même dans la pièce. Lorsqu'ils étaient attaqués par des puissances démoniaques, ils virent des anges venir les secourir. Parfois un ange de grande taille a pu être vu juste au dessus de la pièce tandis que des anges de plus petite taille entouraient complètement la chambre, étroitement serrés épaule contre épaule, de sorte qu'ils ne laissaient aucun espace libre pour le passage d'un démon.»

Les enfants ont vu les anges. D'habitude, quand ils les voyaient, leurs yeux étaient fermés, mais ils les voyaient parfois quand ils avaient les yeux grands ouverts.

Plusieurs enfants ont joué en Esprit des instruments invisibles (Harpes, trompettes) avec une grande habileté de musicien.

XIII 2° PARTIE: MANIFESTATIONS CONTEMPORAINES

REVEIL D'AFRIQUE: REINHARD BONNKE

Avez-vous jamais vu 50 000 personnes pleurant, s'agitant, sautant et criant de contentement en Dieu?

Reinhard Bonnke écrit: «La dignité humaine revêt une nouvelle signification quand le peuple est ravi et absorbé dans la louange à Dieu. Avez-vous jamais vu 50 000 personnes pleurant, s'agitant, sautant et criant de contentement en Dieu? A quoi d'autre vous attendez-vous quand une mère se tient sur l'estrade, témoignant que son enfant vient juste d'être guéri d'un aveuglement ou d'une surdité

congénitale, ou peut-être de membres déformés? J'ai vu ces témoignages de miracles si souvent.

C'est un spectacle glorieux, le sommet de l'expérience humaine.»

Il écrit encore: «Cela n'est pas à notre honneur quand nous demeurons parfaitement impassibles alors que les boiteux marchent et que les aveugles recouvrent la vue. Une telle réserve n'est pas un signe d'intelligence-mais de stupidité. Dansons -cela s'accorde davantage avec de tels moments. La joie dans la présence du Seigneur. Jésus a dit qu'en de tels instants, même les pierres crieraient.»

«Quand notre soi-disant dignité passe avant notre délectation en Dieu, c'est une catastrophe. Si Dieu ne touche pas nos sentiments, c'est le diable qui le fera.»

«Les disciples furent fous de joie quand ils chassèrent les démons, mais Jésus leur dit que cela n'était rien.»

Luc 10: 20 ne vous réjouissez pas de ce que les esprits vous sont soumis; mais réjouissez-vous de ce que vos noms sont écrits dans les cieux.

21 En ce moment même, Jésus tressaillit de joie par le Saint-Esprit.

Pierre l'entendit dire ces mots et il retint la leçon. Plus tard, il écrivit aux croyants:

#1Pi 1:8 Vous l'aimez sans l'avoir vu; Sans le voir encore, vous croyez en lui et vous tressaillez d'une allégresses indicible et glorieuse...

Se réjouir à mi-voix? Adorer en murmurant? Participer à des célébrations silencieuses? Ce n'est pas ce que les mots «tressaillir d'allégresse» veulent dire dans ce passage. Cela signifie: «exulter, crier, être transporté d'extase». Essayez-donc de faire cela sans émotions, sans feu!

LA BENEDICTION DE TORONTO

Des personnes tombent sous la puissance de l'Esprit et restent à terre jusqu'à huit heures de suite. D'autres sont saisis par la compassion et par des douleurs d'enfantement. Des vagues de rire dans l'Esprit restaurent les uns, tandis que d'autres dansent dans l'Esprit.

Ce sont autant les médias que des personnes reconnaissantes de ce qu'elles ont reçu à Toronto qui lui ont donné cette appellation.

Cette bénédiction n'est pas propre à Toronto. A la même époque, elle jaillissait en divers endroits du monde avec des caractéristiques semblables.

De ce fait on l'appelle aussi: «La bénédiction du Père, le réveil sans visage (parce qu'aucun homme est le «promoteur»), la bénédiction du vin nouveau.»

Concernant Toronto, une bénédiction particulière agit depuis janvier 1994 dans l'église Aéroport Vineyard. De 300 membres, elle est passée à 3000 membres en un an et demi.

Au delà des manifestations extérieures un amour immense se dégage de cette assemblée, et cela dans une majesté et une onction extraordinaires. Trois cent mille visiteurs ont été attirés et convaincus. Huit mille serviteurs de Dieu sont venus du monde entier et ont été renouvelés dans leur ministère. Tous sont repartis avec quelque chose de divin et de nouveau. Ceux qui sont venus septiques sont repartis convaincus par la puissance de Dieu. Ils disent: ce qui s'y passe est assurément bien de Dieu.

Devant une telle foule qui se déplace à Toronto, on peut toujours penser que Dieu peut tout aussi bien agir près de nous. Cependant Dieu est souverain pour choisir des lieux où il manifeste sa gloire.

Il l'a déjà fait pour plusieurs lieux de réveils tels que Cambuslang, près de Glasgow, les villages cévenols au XVIII° siècle, Luckor au Pays de Galles, Azuza Street, à Los Angeles, au début du XX°] siècle.

Des personnes tombent sous la puissance de l'Esprit et restent à terre jusqu'à huit heures de suite. D'autres sont saisis par la compassion et par des douleurs d'enfantement (Voir Saint Paul).

Des vagues de rire dans l'Esprit restaurent les uns, tandis que d'autres dansent dans l'Esprit.

Certains bondissent, courent, sautent sur place pendant des heures (phénomène appelé «popoing» qui fait référence à une sorte d'échasse comprenant un ressort incorporé), d'autres sont surpris par des sursauts, des contractions, des secousses, des tremblements incontrôlables,

des convulsions, des pleurs, des gémissements, des sanglots irrépressibles, des larmes libératrices, des chutes à terre, des tressaillements. Des Cris, des rugissements. Des déclarations prophétiques, des paroles de connaissances.

Des gestes divers tels que bras tournoyants, battant l'air, avant-bras hachant l'air. L'ivresse dans l'Esprit.

Le Saint-Esprit se manifeste quelquefois de manière olfactive: «Je n'avais jamais entendu parler de quelqu'un qui ait senti (de manière olfactive) le parfum de la présence du Saint-Esprit, mais ayant une fois eu personnellement l'occasion de vivre ce genre d'expérience lors d'un moment de ministère,

je peux dire que cela fait aussi partie des manifestations de la présence de Dieu.»

Visions pour les uns, invisibles pour les autres, voix entendue audiblement.

L'humilité, la joie, la liberté, le don de soi, une ardeur renouvelée sont une parité des fruits de ce réveil.

Le pasteur Arnott fait mention de 5000 convertis en un an.

Sept mille églises de différentes dénominations sont touchées en Angleterre.

Jules Thobois de Paris écrit: «le manque de liberté d'expression des émotions dans l'Eglise a laissé bien des captifs dans leurs chaînes. Il est bon que le peuple de Dieu s'abandonne à lui et exprime ses larmes, ses souffrances, ses joies, sa jubilation dans la liberté de l'Esprit.»

UN RENOUVEAU EN ESTRIE, CANADA

Les participants à ce réveil écrivent encore: «Nous désirions voir Dieu agir mais nous ne nous attendions pas à ce que ce soit de cette façon!».

Ce renouveau, restauration, réveil n'est pas un phénomène isolé mais s'inscrit dans ce mouvement plus large qui atteint l'église de Christ un peu partout dans le monde: la Bénédiction du Père.

L'église «Carrefour Chrétien de l'Estrie» est le foyer d'un renouveau spirituel depuis octobre 1994.

Ceux qui vivent ce réveil écrivent: «Cette initiative divine nous surprend et nous dépasse.»

La prière de cette église était vraie: «Seigneur envoie-nous un réveil sinon on s'éteint spirituellement».

Cette église ne recherchait pas particulièrement les manifestations physiques. Elle aspirait plutôt à goûter la présence de Dieu et la liberté de la louange. Aussi, voyait-on rarement chez elle, par le passé, des gens «tomber dans l'Esprit».

Depuis que le vent du renouveau souffle dans cette église, on peut y remarquer plusieurs manifestations physiques: rires, cris, pleurs, gémissements, accouchements, spasmes, tremblements, ivresse, repos dans l'Esprit, terrassement et même parfois rugissement et autres bruits d'animaux. (Qui ressemblent à certains bruits d'animaux)

On y remarque aussi une liberté accrue dans le mouvement et la danse lors de l'adoration. Les réunions de célébrations qui duraient trois heures ont durées jusqu'à huit heures.

XIV QUELQUES OBSERVATIONS:

Tous n'ont pas nécessairement de manifestations physiques.

L'amplitude des manifestations physiques n'est pas toujours en rapport avec ce qui est vécu intérieurement. Il peut y avoir peu de manifestations physiques et un grand vécu intérieur et inversement.

Plusieurs reçoivent une bénédiction du Seigneur sans manifestation extérieure.

Ceux qui «tombent dans l'Esprit» témoignent de toute une gamme de vécu intérieur. Pour la plupart, il s'agit d'un sentiment de simple repos confiant et restaurateur dans la présence du Père. Pour d'autres, plus rarement, c'est l'occasion d'une conviction de péché ou d'une révélation claire concernant Dieu ou leur propre vie.

Les manifestations touchent des personnes de tous âges et de toutes conditions sociales, niveau d'engagement dans l'assemblée.

Certains ont connu des manifestations au début du réveil puis beaucoup moins par la suite, d'autres continuent à connaître des manifestations aussi intenses qu'au premier jour, d'autres qui n'en ont pas connu au début en manifestent aujourd'hui, d'autres enfin n'en ont jamais connu.

Les participants à ce réveil écrivent encore: «Nous désirions voir Dieu agir mais nous ne nous attendions pas à ce que ce soit de cette façon!».

LES FRUITS: Dans ce réveil, comme dans les précédents, ils ont toujours été la préoccupation légitime. Des manifestations physiques, oui mais y a-t-il des fruits?

SONT OBSERVÉS LES FRUITS SUIVANTS:

La repentance. La conscience de la faiblesse des individus et de leur impureté.

La révélation du Père comme «Papa,» sa présence, son œuvre, ses plans.

La Parole devient vraiment vivante. Plus de révélations dans la parole: des passages pourtant connus prennent soudainement une puissante portée.

Il y a plus d'intimité avec Jésus, plus de désir de sainteté.

On constate la libération des dons spirituels, la croissance dans l'intercession et le combat spirituel.

Les rétrogrades reviennent à Dieu. Plusieurs nouveaux se convertissent. Des guérisons physiques commencent à se produire.

On note encore la croissance dans la foi, la délivrance d'esprits démoniaques, des restaurations et reconstructions de couples et de familles, un plus grand zèle dans le témoignage.

L'unité, la transparence, l'amour fraternel vraiment manifesté, le jugement est haï.

Les enfants et les adolescents sont touchés par Dieu.

LES PROBLÈMES CHEZ CEUX QUI SONT RÉTICENTS:

Ils condamnent et sortent du mouvement.

Ils refusent et, ou sont incapables de voir au delà des manifestations. Ils veulent rester en contrôle de tout et en tout temps.

Ils manquent d'amour envers ceux qui expérimentent de vives émotions et des manifestations physiques.

Ils tendent à limiter Dieu par une compréhension étroite des écritures.

Quant à ceux qui ne «reçoivent» pas ou peu par rapport à ceux qui «reçoivent beaucoup»,la jalousie ou le découragement peuvent se manifester.

LES PROBLÈMES CHEZ CEUX QUI SONT ENTHOUSIASTES:

Il faut veiller sur eux afin qu'ils ne recherchent pas les manifestations plus que de la personne du Seigneur.

Il faut veiller aussi afin qu'ils ne dépendent pas excessivement de la révélation directe au dépend de la Parole écrite.

Un orgueil spirituel peut facilement se développer. Les manifestations peuvent être une occasion de s'élever, se glorifier, se penser plus spirituels que les autres.

QUELQUES CONSEILS:

Etre ouverts, patients, humbles, compatissants et pleins de grâce.

Veiller sur ses commentaires. Que l'on soit d'un côté ou de l'autre sur cette question, il est essentiel

de faire attention aux verdicts prématurés: «Ils sont fermés au mouvement» peut signifier «Dieu n'agit

pas chez eux». En revanche dire: «Ils se livrent à des choses étranges» peut signifier: «Dieu n'agit pas chez eux».

En parlant du réveil nous avons d'autres noms tels que T.L. OSBORN, ORAL ROBERT, BILLY GRAHAM, KENNETH HAGIN, MOSES KULOLA, BEN IDAHOSA, AIDINI ABALA, et bien d'autres que Dieu a utilisés dans notre siècle.

XV BIBLIOGRAPHIE

Account of the Revival of Religion in Northampton 1740-1742

Th. Lessmann, Rôle et signification du Saint-Esprit dans la théologie de John Wesley

John Wesley, The work of John Wesley Vol 1.

John #808080, When the Spirit commes with Power (Quand l'Esprit vient avec Puissance)

The Works of Jonathan Edwards (les oeuvres de J.E.) Vol 2.

Jordan E. et Kreitman J. Abrégé de l'histoire de l'église Chrétienne

Misson Maximilien Le théâtre sacré des Cévennes. Éditions de Paris 1996

Jonathan Edwards, Pécheurs entre les mains d'un Dieu en colère

Tracy, Histoire du Grand Réveil

Kenneth E. Hagin "Les secrets de la prière" Editions Bethesda.

Charles Spurgeon: The early years

Charles Spurgeon: The banners of Truth Trust 1962

Extraits de "Par mon esprit" Edition Viens et Vois. Préface de A. Thomas-Bres.

Extraits de: "Un ministère de Puissance, quel en est le prix?"

Extraits de: "Réveil au Gabon" Edition Viens et Vois.

Extraits de "Voici les signes!" Edition Hosanna.

Harvey Cox "Retour de Dieu, voyage en pays pentecôtiste" Ed. Desclée de Brouwer.

Extraits de "Le feu de la Pentecôte au 20° siècle" De Donald Gee (Editions Viens et Vois)

Extraits de: "Avec Dieu rien d'impossible" Editions Oméga International.

Extraits de: "Comme un souffle violent"

Extraits de "Visions au delà du voile" Editions Parole de Vie.

Extraits de "L'évangélisation par le feu" Edition Menor

Extraits de "L'onction et la puissance du Saint-Esprit

Dr. RAHA MUGISHO

csolidarity@yahoo.fr

www.rhemasei.ning.com

www.csolidarity.multiply.com

Mais c'est ici ce qui a été dit par le prophète Joël:

Dans les derniers jours, dit Dieu, je répandrai de mon Esprit sur toute chair; Vos fils et vos filles prophétiseront, Vos jeunes gens auront des visions, Et vos vieillards auront des songes. Oui, sur mes serviteurs et sur mes servantes, Dans ces jours-là, je répandrai de mon Esprit; et ils prophétiseront. Je ferai paraître des prodiges en haut dans le ciel et des miracles en bas sur la terre, Du sang, du feu, et une vapeur de fumée; Le soleil se changera en ténèbres, Et la lune en sang, Avant l'arrivée du jour du Seigneur, De ce jour grand et glorieux. Alors quiconque invoquera le nom du Seigneur sera sauvé.

Si j'annonce l'Évangile, ce n'est pas pour moi un sujet de gloire, car la nécessité m'en est imposée, et malheur à moi si je n'annonce pas l'Evangile! Si je le fais de bon cœur, j'en ai la récompense; mais si je le fais malgré moi, c'est une charge qui m'est confiée.

Je fais tout à cause de l'Évangile, afin d'y avoir part. Moi donc, je cours, non pas comme à l'aventure; je frappe, non pas comme battant l'air. Mais je traite durement mon corps et je le tiens assujetti, de peur d'être moi-même rejeté, après avoir prêché aux autres.